哈佛经典

美国经典历史文献

Harvard Classics

人生必读的美国经典历史文献

【美】查尔斯·艾略特（Charles W.Eliot）/主编

刘庆国　宿哲骞/译

中华工商联合出版社

图书在版编目（CIP）数据

人生必读的美国经典历史文献/（美）查尔斯·艾略
特主编；刘庆国，宿哲骞译. --北京：中华工商联合
出版社，2018.1

ISBN 978-7-5158-2168-9

Ⅰ．①人… Ⅱ．①查… ②刘… ③宿… Ⅲ．①美国—
历史 Ⅳ．①K712

中国版本图书馆 CIP 数据核字（2017）第 314282 号

人生必读的美国经典历史文献

主　　编：（美）查尔斯·艾略特（Charles W. Eliot）
译　　者：刘庆国　宿哲骞
出 品 人：徐　潜
策划编辑：魏鸿鸣
责任编辑：林　立　崔红亮
封面设计：周　源
责任审读：魏鸿鸣
责任印制：迈致红
出版发行：中华工商联合出版社有限责任公司
印　　刷：天津旭丰源印刷有限公司
版　　次：2018 年 1 月第 1 版
印　　次：2023 年 4 月第 4 次印刷
开　　本：710mm×1020mm　1/16
字　　数：132 千字
印　　张：16
书　　号：ISBN 978-7-5158-2168-9
定　　价：59.80元

服务热线：010—58301130
销售热线：010—58302813
地址邮编：北京市西城区西环广场 A 座
　　　　　19—20 层，100044
http://www.chgslcbs.cn
E-mail：cicap1202@sina.com（营销中心）
E-mail：gslzbs@sina.com（总编室）

向经典致敬

《哈佛经典》代前言

　　这里向各位书友推介的是被中国现代新文化运动先驱者的胡适先生称为"奇书"的《哈佛经典》。这是一套集文史哲和宗教、文化于一体的大型丛书，共 50 册。这次出版，我们选择了其中的《名家（前言）序言》《名家讲座》《英美名家随笔》《文学与哲学名家随笔》《美国历史文献》，这些经典散文堪称是经人类历史大浪淘沙而留存下来的文化真金，每一篇都闪烁着人类理性和智慧的光辉。有人说，先有哈佛后有美国。因为在建校 370 多年的历史中，哈佛培养出 7 位美国总统，40 多位诺贝尔奖得主，政界、商界、科技、文艺领域的精英不计其数。但有一点，他们都是铭记着"与柏拉图为友、与亚里士多德为友、更与真理为友"的校训成长、成功的。正像《哈佛经典》的主编，该校第二任校长查尔斯·艾略特所言："我选编《哈佛经典》，旨在为认真、执着的读者提供文学养分，他们将可以从中大致了解从古代直至十九世纪以来观察、记录、发明以及想象的进程，作为一个二十世纪的文化人，他不仅理所当然地要有开明的理念或思维方法，而且还必须拥有一座人类从荒蛮发展为文明进程中所积累起来的、有文字记载的关于发现、经历，以及思索的宝藏。"这些文字是真正的人类思想的富矿，是取之不尽用之不竭的智慧宝藏，具有永恒的文化魅力。

从文献价值上看，它从最古老的宗教典籍到西方和东方历史文献都有着独到的选择，既关注到不同文明的起源，又绵延达三个世纪之久，尤其是对美国现代文明的展示，有着深刻的寓意。

从思想传播上看，《哈佛经典》所关注到的，其地域的广度、历史的纵深、文化的代表性都体现了人类在当时特定历史条件下所能达到的思想巅峰，并用那些伟大的作品揭示出当时人类进步和文明的实际高度。

从艺术修养的价值来看，《哈佛经典》涵盖了历史、哲学、宗教论著和诗歌、传记、戏剧散文等文学样式，甚至随笔和讲演录也是超一流的，它们都是那个时代精品中的精品。

《哈佛经典》第19卷《浮士德》中有这样一句名言，"理论是苍白的，只有生命之树常青"。让我们摒弃说教，快一点地走进《哈佛经典》，尽情地享受大师给我们带来的智慧的快乐，真理的快乐。

前　言

　　对于美利坚合众国的最终历史，没有人能够撰写完成。各项研究正在不断地揭示出新的事实，这些事实或是更改了以前的一些细节问题，或是调整了人们对于较大历史问题的传统观念；即使是最公正无私的历史学家们也容易受到个人偏见或地域差别的影响，其结果就会造成后人认为他的作品不够完美，其他地区的人民也会认为其不够公正。那么，像今天这样，仅凭任何一位学者的结论来概括这个国家的发展历程就显得非常不明智了。

　　最佳选择就是把一系列最为重要的历史文件摆在读者面前，让读者自己去领悟。这些文件用当代术语记录了美国历史上发生的那些最重大的事件。从最初发现美洲大陆的个人记录开始，本作品继续介绍了新英格兰殖民地的第一批居住者们意图组建一个新的政府机构的最初尝试；还进一步介绍了殖民地人民要求争取独立，以及建立宪法的奋斗目标，这些都为将来国家政策的制定及宪法的具体阐释奠定了坚实的基础；每一块国土面积的增加都以条约文本的形式得以印证，最初的各州文件也充分显示了国家在不断扩大过程中每场战争的主要原因及其产生的主要影响。

　　从头至尾仔细阅读一下就不难发现，这些历史文件给我们提供了美国人民政治进步的缩影，不受任何偏见的影响，也保证了这些材料能够真实地反映出历史创造者们所走过的足迹。

目　录

1. 驶向"文兰"（北美洲）（公元前 1000）

【以下对于莱弗·埃里克松发现美洲的描述源于"红发埃里克的传说"。这段传说记录在乔恩·索德哈森于 1837 年著作的《佛莱特亚》（中世纪的一部著名作品）一书中，之后 A. M. 里夫斯对其进行了调整从而形成了现在的译文。时至今日，学者们对于记录中莱弗究竟是在哪段海岸登陆的问题仍是众说纷纭，近来的研究倾向于是拉布拉多的南部海岸，然而仍有众多学者坚信"文兰"位于新英格兰海岸。】

天赐良机，莱弗接受洗礼

光阴荏苒，自红发埃里克殖民格陵兰岛算起，十六个寒冬匆匆而过。此时，他的儿子莱弗踏上了从格陵兰岛驶向挪威的旅途。春去秋来，莱弗到达了挪威中部的特隆赫姆。适逢挪威国王奥拉夫一世从北部的哈拉哥岛驾临，莱弗赶忙开船去尼达洛斯拜见他。正如对其他前去拜见他的异教徒所做的那样，虔诚的基督教徒——奥拉夫一世向莱弗宣扬了一番他的信仰。他轻而易举便说服莱弗信奉了基督教，随后莱弗便与他的船员一道顺理成章地接受了基督教的洗礼。接下来的整个冬天，莱弗都陪伴着国王，和国王在一起的时光，他感觉无比快乐。

比阿尼踏上探索格陵兰岛之路

　　游吟诗人哈瑞夫森的儿子哈瑞夫是第一位殖民者英格夫的族人，为此英格夫分封了瓦格到里卡尼斯（北美洲地名）之间的土地给他，起初，他定居在德普斯道科（古代北美洲地名）。哈瑞夫和他的妻子斯奥德有个前途无量的儿子——比阿尼。他德才兼备，自幼便树立了航海的远大志向，为人称道。同时，他也积累了不少财富，这些都为他后来事业的发展奠定了良好的基础。

　　比阿尼习惯一年远行，一年陪在父亲左右，交替度过寒冬。没多久他就成了一艘商船的所有者，然而就在他最后一次外出在挪威过冬的时候，他的父亲哈瑞夫突然决定打算放弃所有的土地，追随红发埃里克远征格陵兰岛。出发时，一位来自赫布里底群岛的基督教徒与哈瑞夫一同站在船上，正是他谱写了那首《大海征服者之歌》，歌词中这样写道：

　　　　我们去征服那些懦弱的人们
　　　　虽然除了心灵一无所有，但现在我们勇于承担一切
　　　　他支配着上帝的门庭
　　　　愿胜利之鹰永远庇佑着我！

　　历经磨难，他们终于到达了格陵兰岛。哈瑞夫决定定居在最初登陆的地方，并以自己的名字为它命名——哈瑞夫尼斯，在那里他远近闻名。而领导者红发埃里克居住在布莱特赫里德，在那里，他拥有最高的荣耀，受万人敬仰。红发埃里克的三个儿子分别叫莱弗、斯奥沃德和斯奥斯坦因，还有一个叫弗雷迪斯的女儿。后来弗雷迪斯嫁给了一个与她哥哥同名的斯奥沃德为妻，他们移居到加达（Gardar——美国地名），那里如今正是新教圣公会的所在地。弗雷迪斯天性自视甚高，而她的丈夫斯奥沃德却畏首畏尾、缺乏魄力，弗莱迪斯主要是为了他的钱财才委身于他。那时基督教还未传播至格陵兰岛，格陵兰岛的居民还都是异教徒。

　　春季时，哈瑞夫远征格陵兰岛。同年夏天，比阿尼便率领他的船队到达了艾拉（城市名称，位于冰岛东部）。刚到港口，还未来得及卸货，比阿尼就听说了其父远征的消息，这使得他惊诧万分，久久不能平静。船员见状，纷纷征求他的意见，看他如何打算。

　　比阿尼定了定神，表示他想要坚持习俗，冬季侍候在老父身前。他说："如果你们愿意与我一道，这艘船将驶往格陵兰岛。"听后，船员们纷纷表示愿意服从他的决定，一同前往格陵兰岛。比阿尼紧接着又说道："在别人看来，我们这次航行注定要冒极大的风险，毕竟我们中没有任何一人曾到达过格陵兰岛所在的那片海域。"

　　然而，他们并不退缩，在准备妥当之后便毅然启程。航行并非一帆风顺，在他们起航的三天后，陆地早已被浪花所吞没，往日万里无云的好天气也已消失不见，北风越发强劲，呼啸而过，船员们知道无论驶向何方，都得穿过一片又一片迷蒙的海域。当浓雾终于散去，阳光再次照耀在海面上的时候，船员们欢呼雀跃。在穿过海域后，一块陆地终于进入了他们的视线之内。对于这片陆地是否就是格陵兰岛，船员议论纷纷，而比阿尼自己却不相信这就是格陵兰岛。

　　有船员问道是否驶向这片陆地时，比阿尼发号施令："我决定先靠近看看再说。"船员照做，当船靠近陆地时才发现这里地势平坦，植被茂密，低矮的山丘交错其间。比阿尼下令船员们放下风帆，顺着左舷一侧离开这里。航行仍在继续，在又遭遇了两片浓雾弥漫的海域后，另一片陆地出现在了他们眼前。船员们询问比阿尼，问他是否认为这是格陵兰岛，比阿尼回复道，他不认为这块陆地比之前的更像格陵兰岛。

　　"我这么说是因为相传在格陵兰岛是有高耸入云的冰山。"比阿尼如是解释道。很快他们便靠近了这片陆地，陆地地势平坦，植被丰茂，根本没有雪山的影子，似乎是幸运女神舍弃了他们。船员们聚在一起商议，断定在此登陆不失为明智之举，而比阿尼对此却不以为然。船员们以缺乏木材和淡水作为理由，比阿尼反驳道："这些东西没一个你们缺的。"

　　事实胜于雄辩，比阿尼赢得了这场争论。他命令船员继续航行，背向陆地调转船头，驶向深海。趁着西南风，一次性穿过了三片浓雾弥漫的海域后，他们抵达了第三块陆地。这片陆地山脉高耸，绵延不绝，其中不乏雪山矗立。船员又去问他是否登陆，他仍没有这样的打算，"这里对我完全没有吸引力。"他说道。

　　他们毫不减速，径直离去，才发现这里只是一座小岛罢了。他们与和风煦日相伴，把小岛甩在船尾后，继续航行。航行中，海上风力突然加大，比阿尼指挥着船员们，收紧风帆，控制航速，以防速度过快与船体状况和配置不匹配。在又经历了四片大雾茫茫的海域后，第四块陆地终于映入了他们的眼帘，船员赶忙问这是不是格陵兰岛，这次他们终于得到了肯定的答复："依照给我的信中所描述的景象，这里应该就是格陵兰岛了，这次我们驶向海岸，准备登陆。"

他们将船开到海岬下方，入夜以后，他们终于登上了停靠着小船的这个海岬。事实上，比阿尼的父亲哈瑞夫恰好就住在这个海岬之上，这个海岬也由此而得名，被后人称作哈瑞夫尼斯。

苦尽甘来，比阿尼终于与分别多日的父亲重逢了，他决定暂时放弃航海，在他父亲的有生之年都留在这里，常伴老父左右，以尽孝道。

格陵兰人的历史概述

接下来我们所要讲述的是比阿尼·哈瑞夫森如何从格陵兰岛出发去拜访埃里克伯爵的故事，从伯爵身上他受益良多。

登陆后比阿尼仔细描述了他这一次航海经历，有人因为他并未对那些陆地加以记录而觉得他缺乏进取心，为此他还受到了指责。后来比阿尼成了伯爵的属下，奉命在来年夏天再去格陵兰岛。

现在先让我们来讲讲那些"发现之旅"吧。居住在布莱特赫里德的莱弗是红发埃里克的儿子，他前来拜访了比阿尼·哈瑞夫森并从他手里购买了一艘船，随后又招兵买马，直到凑齐了 35 名船员，才准备出海。莱弗前去拜见他的父亲埃里克，并邀请他作为这次远航船队的船长，结果遭到了埃里克的拒绝，埃里克说自己已经年迈，并补充说现在的他已经不能像年轻时那样能够承受终日阳光暴晒之苦了。

莱弗回答，尽管如此，在关键时刻他定能成为给大家带来好运并助大家一臂之力的人。功夫不负有心人，在临出发前莱弗的恳求终于打动了埃里克，埃里克决定带领大家出海，然而就在埃里克骑马从家赶去港口时，意外发生了，就在离船不远的地方，埃里克所骑的马被绊倒在地，而他本人则从马背上摔落下来，伤到了双脚。起身后，埃里克高声喊道："我不奢求能够发现与我们现在所居住的岛屿相比更多的土地，但这回我们再也不能一同航行去更远的地方了。"

埃里克不得已只好返回在布莱特赫里德的家中养伤，而莱弗和另外 35 名船员紧接着就登上了船，对莱弗和他的父亲忠心耿耿的德国人雅克也在其中。莱弗和他的船员们有条不紊地做着最后的准备工作，等一切准备妥当，他们便乘风破浪，扬帆起航。

在航行中他们的第一站正是比阿尼他们最后所看到的那块陆地，他们靠近陆地，抛锚停船，换乘小船上岸，众人发现这片陆地一片荒芜，寸草不生。巨大的雪山背海而立，从雪山到大海，这中间自始至终都是由平直的岩石形成的高原，整座陆地毫无生气。莱弗随即说道："和比阿尼那时一样，对于这片陆地我们还毫无建树，因此现在我将它命名为'荷鲁兰'。"说罢便返回船上，朝着第二块陆地进发。

到达第二块陆地后，他们如同之前一样，先抛锚停船，然后换乘小船上岸。这片陆地绿树成荫，广阔而洁白的沙滩一直延伸至他们脚下，陆地与水面几乎齐平，风景秀丽，引人入胜。随后莱弗说道："这块陆地理应以它美丽的自然风光为名，我们以后就称它为'乌克兰'。"说罢，船员即刻登船，不做停留，乘着东北风全速前进。

在经历了两片浓雾弥漫的海域后他们又看到了一片陆地。他们的船驶向陆地的途中却先到达了一座位于陆地以北，与其隔海相望的小岛。初抵小岛海滨，环顾四周，恰是阳光明媚之际，青草上还披着尚未蒸干的露珠，众人陶醉其间。一个偶然的机会，船员们用嘴抿了抿沾着露珠的双手，他们惊讶地发现，这是如此的甘甜，远胜他们曾经尝过的那些。船员们再次回到船上，继续起航，试图驶入夹在小岛与陆地向北延伸出来的海岬间的海峡，他们沿着西侧通过海岬，结果赶上退潮，水由深变浅，不得已他们被搁浅在距离深水区还有一定距离的地方。

不等潮汐上涨到推动船前进的时候，船员们就已经迫不及待地想上岸了。船员们决定乘着小船加速划向那条从外流湖流淌而出的河流。就在此时，潮水上涨了，海水渐渐变深，船员们赶忙划着小船赶回船上，开着船顺着河水逆流而上直达其源头——外流湖。而后在那里抛锚停船，带着吊床来到岸上，安营扎寨。后来船员们决定要在此过冬，因此依水建起了宽敞的房屋。这里物产富饶，住所周围的河或湖里大马哈鱼比比皆是，体积也远胜他们以前所见过的，即使是冬天，家畜也不需要人工饲料，当真是物阜民丰。冬季没有酷寒，只有些许青草枯萎罢了。

相比较于格陵兰岛和冰岛，这里昼夜长短更接近等长。在白昼最短的那天——冬至，太阳从艾克斯泰德和达格玛拉斯特之间升起。待到房屋竣工之日，莱弗对船员们说："我计划将咱们的人手一分为二出去探索这片土地。一半的人留守在营地，另外一半人将深入陆地进行探查。这些人探查不得超过一日往返的距离，且不得独自一人。"为此他们进行了一次尝试。而莱弗自己则依次进行留守和带队探查。莱弗此人实乃人中龙凤，不仅风度翩翩、仪表堂堂，且才思敏捷，对所有的事都能做到公平二字，堪称人杰。

歪打正着，莱弗礁上救人

一天晚上，莱弗的船员们忽然发现有一名船员不知所踪，经查证，正是那个德国人雅克。雅克侍奉了莱弗和他父亲很久。从莱弗的孩提时代起，雅克就对他忠心耿耿，因此雅克的神秘失踪令莱弗格外揪心，惴惴不安。莱弗大发雷霆，严厉地斥责了其他船员的漠视，并选出 12 名船员与他同行，准备深入搜寻雅克。然而他们还没走多远就碰上了雅克，船员们热情地与雅克打招呼。

莱弗马上注意到，他的这位养父神采奕奕，容光焕发。雅克额头突出，双眼中透着精干，个头不高，身材瘦小，虽然相貌并不过人，但确确实实是个有能力的工匠。莱弗追问道："我敬爱的养父，您怎么这么晚才到这，而且还是独自一人？"雅克先用德语回答了一会儿，结果发现他们都没听懂，于是翻翻眼睛、笑了笑，之后又操着一口北方口音解释道："我并没有你们走得远，也没啥新奇的事，但是我发现了葡萄树还有结在藤上的葡萄。""养父，这是真的吗？"莱弗赶忙问道。"那当然了，"雅克接着说道："我出生在种植葡萄的地方，葡萄和葡萄树遍地都是，怎么会认错呢？"船员们高高兴兴地返回住所，踏踏实实地睡了一夜。

次日，莱弗召集全员并宣布："我们要分出人手，每天要么采摘些葡萄回来，要么砍些葡萄藤葡萄树回来，以此来作为船上的货物。"船员们遵照他的指示开始行动，没多久，他们的后船中便载满了葡萄。待到春暖花开之时，他们便满载着一船货物返航了，临走时莱弗因为这座陆地盛产葡萄，便以此给它命名为"温兰德"。

返程之路一直风平浪静，直到他们已经可以看到格陵兰岛，将船驶入冰川之下时，发生了突发状况。一名船员大声呼喊着："这个时候你为什么要将船开得这么快？"莱弗反驳道："对于航海或者类似的事情我都有自己的想法，难道你们没有发现什么不寻常的事吗？"然而船员们回答称并未发现任何异常。"我不知道，我看到的是不是船或者礁石？"莱弗回答道。随着航行的继续，船员们终于看清楚了，纷纷表示那一定是块礁石，而莱弗则比他们更为敏锐，他发现有人在那块礁石上。

"我想我们还是顺风航行为妙，"莱弗说道，"这样以便我们能靠近他们，如果他们需要帮助我们可以施以援手，如果他们不想和平处理或怀有敌意，我们也能比他们更好地掌控局势。"他们的船缓缓驶向礁石，抛锚停船，换乘带来的小船，靠近礁石。

雅克询问礁石上的人们谁是他们的领头人。其中一个挪威人回答说自己叫索瑞，是他们的领袖。索瑞随即反问道："那你叫什么？"莱弗报上自己的名号。索瑞激动地问道："你就是住在布莱特赫里德的红发埃里克之子？"莱弗点头称是，随后说道："希望你加入到我们的船队中，你的船还有其他财物可以保留。"索瑞等人接受了这项提议，连同船只一起并入了莱弗的船队，一同离开了"埃里克峡湾"，直抵布莱特赫里德。

在港口卸完货后，莱弗前来看望索瑞以及他的妻子古德里德，并且邀请他们夫妻二人及其他三名船员去他家做客，同时莱弗还邀请了索瑞及自己船队的四分之一的人员一同前去。

在这次航行中莱弗一共从礁石上救下了15人，后人便称呼他为"幸运的莱弗"，现在的莱弗真可谓是名利双收。可惜好景不长，冬季时，一种严重的疾病在索瑞的船队里蔓延开来，包括他本人在内的很多水手都不幸去世，而莱弗的父亲红发埃里克也在此时驾鹤西去。后来人们对于莱弗这场温兰德之行众说纷纭，而莱弗的兄弟斯奥沃德也认为温兰德那片土地并未被充分探查。随后，莱弗便告诉斯奥沃德："如果真是这样，我的兄弟，你可以用我的船再去趟温兰德，但是我希望先用船取回索瑞留在礁石上的木材。"斯奥沃德欣然首肯。

斯奥沃德的温兰德之行

随后，斯奥沃德采纳了他兄弟莱弗的建议，召集了30名船员，准备再探温兰德。待到一切准备妥当，他们便出海了。在到达莱弗建在温兰德的营地之前，这次航行一帆风顺，没什么好描述的。他们将船停在营地附近，以鱼为食，平平安安地度过了整个冬季。

转眼间积雪消融，冬去春来，斯奥沃德召集船员检修船只，然后派一部分人驾驶检修过的船只沿西海岸前进，他们于夏季抵达那里。探索中，船员们发现这里风和日丽，树木郁郁葱葱，从森林到海滨这段不远的距离间，像很多岛屿和滩涂一样，分布着白色的沙滩。一路上，他们并未发现人类的住所或者野兽的巢穴，只是在西边的一座小岛上发现了用来保护农作物的木质建筑，但再没有其他的人类制造留下的痕迹。他们决定返航，冬季时便回到了莱弗建造在温兰德的营地之中。

船员们在这里度过冬天和春天，又是一年夏季来临时，斯奥沃德率领部分船员沿着北部海岸向东探索。在穿过海岬时遭遇一阵强风，强风把他们刮到了海岬的岸边，而他们船的龙骨也因此而损坏了，他们被迫在这儿滞留一段时间来修理损坏的船只。当龙骨修好，可以再度出航前，斯奥沃德对他的船员们说："因为我们在这里更换了龙骨，我提议以后称这里为'龙骨之地'。"船员们纷纷表示赞成。

随后他们离开陆地向东航行，顺着相接的河口三角洲进入了延伸至海中的海岬里，那里树木繁茂，植被茂盛。他们找了一处合适地点抛锚停船，放下绳梯，斯奥沃德与他的船员一道上了岸。目睹了这里的风光后，斯奥沃德赞叹道："这真是个好地方，我很向往能来这定居。"说罢便准备返回船上，这时他们发现海岬的沙滩上有三个土丘状的物体，便走上前去观看，这才发现那是三个皮艇，每个皮艇里面坐着三个人。

于是斯奥沃德和船员们分头出动，除了其中一个凭借皮艇逃走之外，他们成功捕获了剩下的八个人。他们处死了这八个人，再次登上海岬，环顾四野，发现在河口那有几个小土丘，想必就是这些人的住所了。斯奥沃德他们返回船舱里就进入了梦乡，正当他们熟睡之际，上面突然传来的一阵哭喊声惊醒了他们。

一人哭喊着："快醒醒，斯奥沃德，你，还有你的船员，如果你们想保住性命，就赶紧一起登船，全速逃离这里！"斯奥沃德和他的船员赶紧照做，他们看到无数的皮艇从河湾内源源不断地驶出来追赶他们。面对这种情况，斯奥沃德大喊道："我们必须打开船体两侧所有的武器，火力全开，才能尽最大的努力来保护我们自己，零零散散的反击根本无济于事！"

在他们全力开火了一阵后，那些追击他们的人四散而逃，仓皇离去。安稳下来后，斯奥沃德询问船员们是否有人负伤，船员们上报并无伤亡，全员安然无恙。斯奥沃德却说道："我腋窝这儿中箭了，一支箭顺着夹板与盾牌之间射中了我的胳膊。这支箭将夺走我的生命，我命令你们现在全速返航，至于我，你们可以把我送到那座海岬上，那里看上去对我是个好去处，之前我所说的希望在那定居全都是实话。你们可以把我埋葬在那里，放两个十字架在我身上，一个放在头上，一个在脚上，然后高声喊出'愿上帝与我同在'……"

斯奥沃德是个基督徒，那时，基督教已传入了格陵兰岛，顺便一说，在红发埃里克死时基督教还未在那儿流传。

斯奥沃德去世了，当与他随行的船员在执行他的遗嘱时，打破了承诺，他们召集全部船员，互相诉说那些经历。船员们又在温兰德滞留了一个冬季，等船上装满了摘来的葡萄和砍伐的木料时，在第二年春他们终于返回了格陵兰岛，抵达了埃里克夫斯（岛上一处地名），在那里他们向莱弗禀报了斯奥沃德去世的重大消息。

斯奥斯坦因·埃里克森在西部的据点去世

在此期间，埃里克夫斯的斯奥斯坦因与斯奥布莱恩之女古德里德完婚的消息在格陵兰岛广为流传。众所周知，古德里德曾经是索瑞·伊斯曼的妻子。现如今，在看到他兄弟斯奥沃德的尸体后，斯奥斯坦因也打算航海去温兰德，他准备了与他兄弟一样的船只，选拔出25个身形健硕的壮汉与他随行，还带上了他的妻子古德里德。当一切准备就绪，他们便起航驶向一望无际的大海，陆地随着他们的前进渐渐消失在他们的眼中。然而，他们并没有去温兰德，整个夏天都是漫无目的地四处飘荡，直到失去了航向。

最终在冬季来临的第一个星期，他们抵达格陵兰岛的西部据点利苏夫斯，并在那上岸。斯奥斯坦因开始为他的船员们四处搜寻住处，功夫不负有心人，他成功地为他所有的船员找到了住处，然而他和他的妻子却没有地方可以住，只好一起在船上待了两天，当然时间也可能更久。顺便一提，在这个时候基督教在格陵兰岛还处在萌芽期。

不幸的是，斯奥斯坦因在这个冬季病逝了。为了举行葬礼，大家将他的尸体平放在船上。斯奥斯坦因这位受人敬仰的师长，忠实地履行了对他妻子的所有承诺，为满足妻子的心愿，他在春季变卖了所有的土地与家畜，带着所有积蓄陪妻子踏上了航海之旅。他修整船只，招募船员，随后驶往埃里克夫斯。

现在逝者的尸体安葬在教堂中，等到古德里德回到布莱特赫里德的家中见到莱弗后，就把斯奥斯坦因安葬在埃里克夫斯之前为自己而建的家园内，他将永远沉睡在那里，像伟人般受万人瞻仰。

托尔芬·克尔塞夫尼及其伙伴的温兰德之旅

恰逢斯奥斯坦因去世那年的夏天，一名叫托尔芬·克尔塞夫尼的船长率领着他的船队从挪威来到了格陵兰岛。他不仅是斯奥·豪斯赫德之子，也是冰岛学者史诺里的孙子（史诺里是斯奥·霍夫迪之子）。

托尔芬·克尔塞夫尼出身不凡，家财万贯，他与古德里德两情相悦，萌生了执子之手与子偕老之意。古德里德带着他去征求了莱弗的同意，得到许可后便与托尔芬订了婚，待到冬季便与他举行了婚礼。

婚后不久，岛上的民众对于温兰德之行又一次议论纷纷，部分民众敦促克尔塞夫尼赶紧起航再探温兰德，对此古德里德并不赞成。经过再三考虑后，托尔芬决定出海再探温兰德。这一次，他召集了60位男性5名女性同行，并与他们签订了协议，对于此次航行中的战利品都将均分给所有人。出发前，他们装载了各种各样的家畜到船上，因为如果可能的话，他们打算在那里定居。托尔芬还和莱弗要了他在温兰德的营地，但莱弗并不是赠予，只是租借而已。

就这样，他们开始了他们的温兰德之旅，一路上风平浪静，他们顺顺利利地到达了莱弗的营地并将吊床拿到岸边安营扎寨，很快就美餐了一顿。这顿美餐的食材来自一头个头不小、肉质鲜美的鲸鱼，他们把鲸鱼拖到岸边宰杀掉，这下他们再也不缺食物了。他们把船上装载的各类家畜卸在陆地上，不过很快男人们就变得焦躁不安、性格暴躁起来，原因是他们带来了一头公牛并放养在他们身边。

在克尔塞夫尼的指挥下，船员们伐倒了一棵棵树木，然后将其劈成木材放置在悬崖上进行风干，再装进船舱里。船员们还把这片土地上稍微有价值的东西统统收集起来，比如葡萄、各种各样的野味以及鱼类等。大地回春，来到温兰德的第一个冬季弹指间便过去了，夏天的时候船员们发现了一大群斯克莱人（古代土著人的一种），他们从丛林深处走了出来。

家畜们紧挨在一起，公牛开始发出大声的嘶吼，随即斯克莱人受到了惊吓，带着他们的包裹四散而逃，包裹里装着灰色、褐色的毛皮，还有各种各样的皮货。他们朝着克尔塞夫尼他们住所的方向逃窜并试图进入房子里，而克尔塞夫尼下令，严守房门，拒他们于屋门之外。他们与斯克莱人语言不通，没有人能理解对方的意思。之后斯克莱人把他们的包裹放在地上，然后解开，想用他们包里的皮货来以物换物，在他们想要交换的东西中，他们尤其希望通过交换得到武器，然而克尔塞夫尼明令禁止船员出售武器给他们。他自己别出心裁，命令女船员把牛奶拿给斯克莱人，他们一看到牛奶，就迫不及待地想要交易，对其他的东西都置若罔闻了。

现在他们的包裹和皮货与克尔塞夫尼和他的船员们交换之后，斯克莱人完成了这次交易，带着他们的成果——一肚子的牛奶，心满意足地离开了。事后，克尔塞夫尼下令在房子周围扎起了结实的木质栅栏。就在这时，克尔塞夫尼的妻子古德里德喜得贵子，起名为史诺里。在到达这儿的第二个初冬时节，斯克莱人又来了，这一次他们带着与上次一样的皮货但人数远胜之前。

随即，克尔塞夫尼对女船员说道："你们现在把那些上次很赚钱的食物都拿出来，不要拿其他东西。"当斯克莱人看到那些拿出来的食物后，纷纷把包裹扔进栅栏里面来，而古德里德正坐在屋内门口的位置，摇着她儿子史诺里的摇篮。突然一道身影闪入门内，一个身着短装的女人走了进来。她身材不高，头上系着头巾，浅棕色的头发，面色发白，她的双眼硕大无比，以前根本不曾见过。

她走到古德里德身边问道："你叫什么名字？"古德里德回答道："我叫古德里德，那你呢？""我也叫古德里德。"对方回答道。作为家庭妇女的古德里德摆手示意来人坐在她的身旁。然而碰巧在那一瞬间，古德里德听到一声巨响，身旁的那个女人仓皇而逃，与此同时，克尔塞夫尼的一名船员击毙了一个正要拿起武器的斯克莱人。面对这种情形，其他斯克莱人仓皇逃走，连衣服和用来交换的货物都顾不上收拾。"现在我们需要一起好好商量商量了，"克尔塞夫尼说道："因为我相信他们第三次再来的时候，就是攻击我们的时候，而且人数众多。现在我们要有计划，我们中的十个人要到海岬上放哨，其他人要进入丛林，为我们的家畜开辟出一片空地，我们还要带上我们的公牛，并让它走在前面。"

这里的地形正如在会议上提到的，一边是湖一边是森林，克尔塞夫尼的提议如今得到了落实。当斯克莱人进入到克尔塞夫尼先前已经为遭遇战选好的地点时，战争终于爆发了。斯克莱人血流成河，尸横遍野，而在他们中有位身形健硕、举止潇洒之人，克尔塞夫尼料定他就是他们的首领。一名斯克莱人捡起斧头，盯着斧头看了一阵，向着一名同伴挥舞了一下，同伴应声倒地而亡。那名高大首领见状抓住斧头，打量了片刻之后，尽力把斧头扔进了海中。斯克莱人不敌克尔塞夫尼一方，慌忙逃进丛林中，这场交锋到此暂时画上了句号。

克尔塞夫尼一方在温兰德又停留了一个冬季，然而第二年春天时，克尔塞夫尼宣布无意在温兰德继续停留，决定返回格陵兰岛。船员们做好返航准备，他们带着大量的葡萄树、葡萄，还有皮货之类的战利品，满载而归。驶入大海之后，他们一帆风顺地到达了埃里克夫斯，并在那里度过了冬季。

弗雷迪斯致使两兄弟身亡

有关温兰德之行的话题为人津津乐道，因为人们认为这是名利双收的事业。在克尔塞夫尼从温兰德归来的同年夏季，一艘由赫尔吉和芬葆吉两兄弟率领的船从挪威来到了格陵兰岛，并在这里过了冬。这两兄弟来自东部峡湾的冰岛家庭。

现在我们就要提到红发埃里克的女儿弗雷迪斯了。她从加达老家出发，为了邀请两兄弟一同航行特意赶到温兰德去拜访、游说二人。为此她提出均分所有他们可能在温兰德得到的战利品。因为这项提议，兄弟二人答应了她的请求。事成之后，弗雷迪斯从兄弟二人那里赶去拜访她的兄弟莱弗。她向莱弗索要他在温兰德建造的住所，像对待克尔塞夫尼的请求一样，莱弗承诺借给她住所，但不是赠予。

克尔塞夫尼也和弗雷迪斯约定，每人的船上除了妇女应该只有30名能干的男性水手。然而难缠的弗雷迪斯事后立马毁约，比约定的多带了5个人，但这件事在到达温兰德之前两兄弟并未察觉。他们出发时，像事先说好的那样，如果可能的话就结伴而行。然而虽然他们彼此离得并不远，但两兄弟还是稍微提前一点到达了温兰德，并且把他们的东西放进了莱弗在温兰德的住所里。

等到弗雷迪斯到达，停船卸货，将行李运到莱弗的住所时，却发现住所已被兄弟二人所占。随即，弗雷迪斯恼羞成怒道："你们为什么把行李放在这里？"兄弟二人回答道："因为我们相信我们将会信守我们之间的约定。"弗雷迪斯反驳道："这是我兄弟莱弗借给我的，不是给你们的！"随之赫尔吉大声说道："对于这个问题我们兄弟二人不想和你争。"说罢便将行李从屋里搬了出来，又在临海的湖岸旁搭建了临时住所，把一切安置妥当。而弗雷迪斯则下令船员们砍伐木材装进船舱。

时间一晃而过，冬季来临了，两兄弟提议他们应该做些游戏来消遣。游戏持续了一段时间，待到双方开始有意见，产生矛盾后停了下来，而这之后双方的交流也中断了。

有天清晨，弗雷迪斯起了个大早，穿好衣服，但没穿鞋和袜子，厚重的露珠打落下来，她披着她丈夫的外衣，裹着自己然后走向那两兄弟的住所。到了门口时她发现，之前有一个人离开时没有关好门，门是半掩的。她推开门，静静地站在门口，而芬葆吉睡在屋子的最里面，他惊醒过来问道："你来这干什么，弗雷迪斯？"她回答道："我希望你能起来陪我出去走走，因为我有话要对你说。"芬葆吉快速起身与她走了出去，他们走向房子外墙边上的一棵树，然后在树下坐了下来。

"你喜欢这里的什么？"弗雷迪斯问道。"我喜欢这肥沃的土地，但是我对我们之间的隔阂并不开心，在我看来，这是毫无道理的。"芬葆吉回答道。"对我而言又何尝不是呢。我有个请求，我想和你们兄弟交换一下船只，因为我觉得你们的船比我们的船大，过一阵儿我想离开这。"芬葆吉回答说："如果你高兴的话，这个要求我可以答应你。"随后二人便分开了，弗雷迪斯回了家，而芬葆吉也回到住所上床休息。弗雷迪斯一回家就爬上了床，她冰冷的双脚惊醒了熟睡的丈夫斯奥沃德。丈夫问她双脚为何如此冰冷而且还湿漉漉的，她情绪激动地回答道："我去了那两兄弟那，想要买下他们的船，因为我想要更大点的船，但他们不仅不接受我的提议还粗暴地打了我。都什么时候了，你这个贱骨头，畏畏缩缩，既不为我所受的耻辱报仇也不为你自己，我再也不回格陵兰岛了，而且我要和你离婚，除非你为我洗刷耻辱！"

这一次斯奥沃德再也无法忍受她的奚落了，他立刻召集人手，带好武器，径直前往两兄弟的家中，在他们还在熟睡之时破门而入，抓住了他们然后捆绑起来。当兄弟二人被抓住的时候其他人四散逃跑，弗雷迪斯早就在门外等候他们了，他们出去一个弗雷迪斯就杀一个，所有的男人都死了，只有妇女幸存了下来。弗雷迪斯高声喊道："给我递把斧头过来！"她手持斧头砍杀了 5 个妇女，其他人在看到这恐怖的举动后都跑回了屋子里，而弗雷迪斯对她的杰作看上去很是满意。她叮嘱她的同伴道："如果我们要回到格陵兰岛，我会杀掉所有泄露今天这件事的人，我们必须说在我们离开这儿的时候，这兄弟二人及其随行人员留在了这里。"

待到早春时节，他们装备了原本属于那两兄弟的船，他们用这艘船来运输那些他们从温兰德获得的可以被带走的物品。随后他们开船出发，驶向格陵兰岛，他们一帆风顺地于夏初时节到达了埃里克夫斯。到达时克尔塞夫尼正好在那里准备出航，他已经万事俱备只欠东风了，人们看到他俩相遇便说弗雷迪斯的船比克尔塞夫尼没有离开格陵兰岛的船装的货还要多，看来真是满载而归，收获颇丰啊。

心乱如麻的弗雷迪斯

如今，弗雷迪斯安然无恙地回到了她的家中，因为急于掩饰她的罪行，她给她的船员们支付了丰厚的报酬。之后便回到了自己的家中，而她的船员们并不全都是对他们的罪行口风很紧的人，流言蜚语终究流传了出去。这些谣传传到了她的兄弟莱弗的耳朵里，莱弗认为这简直就是奇耻大辱，随即便抓来了两名弗雷迪斯的船员，进行逼问，结果他们所言与谣传完全一致。莱弗悲伤地说道："我的姐姐弗雷迪斯本应受到她应有的惩罚，可我着实不忍心，但我承诺会支付一笔钱给那些惨死之人的后人们。"

之后这件事还是传开了，人们认为弗雷迪斯除了恶毒，没有什么可以说了。现在先把这件事搁在一边，让我们从克尔塞夫尼备好船只，再次出航说起。那是一次成功的航行，他一帆风顺地到达了挪威。他在那儿待了一个冬天，卖掉了他带去的货物，而他和他的妻子也备受当地德高望重之人的赏识。

第二年春，克尔塞夫尼整装待发准备起航前往冰岛，当一切都已准备妥当，船已经停泊在码头上，只待风起便可出航时，来了一个南方人，他是地地道道的撒克逊地区的不来梅（地名，美国及德国都有这样的地名）人。这个南方人想要买克尔塞夫尼那小巧优雅的房子。"但是我并不想卖。"克尔塞夫尼回答道。南方人游说道："我愿意为此付给你半个牛轭大小的黄金。"克尔塞夫尼被打动了，认为是笔好买卖，于是便不再讨价还价。南方人带着那小巧优雅房子的所有权欣然离去了，而克尔塞夫尼并不知道建造那栋房子所用的木材是什么，事实上那是来自温兰德的摩苏尔（一种极其珍贵的木材）。

克尔塞夫尼起航了，开着他的船来到了冰岛北部的斯噶夫斯。他的船停泊在那里度过了冬天，春季时他买下了格莱毕尔的土地然后从此便定居在那里，成了备受尊崇的人物，他在那儿度过了他的余生。他和他的妻子古德里德在那里繁衍了众多的子嗣。在克尔塞夫尼去世后，古德里德和他出生在温兰德的儿子史诺里接管起农场，等到史诺里成婚后，古德里德远走他乡，去南方进行朝圣之旅。结束朝圣之旅后她又回到他儿子史诺里的家中，史诺里下令在格莱毕尔兴建了教堂。

之后古德里德戴上面纱成为修行隐士并在那里度过了余生。后来史诺里有了儿子，起名叫斯奥格尔，而他正是恩格韦德的父亲，恩格韦德则是后来主教布兰德的母亲。此外，克尔塞夫尼的儿子史诺里还有一个女儿，名叫豪尔弗里德，她是鲁诺夫的母亲，而鲁诺夫则是主教斯奥莱克的父亲。毕昂是克尔塞夫尼与古德里德所生的另一个儿子，他是斯奥恩的父亲，斯奥恩后来又称为主教之母。许许多多的子嗣从克尔塞夫尼这开枝散叶，而他也有幸拥有了许多名声斐然的后代，所有克尔塞夫尼的后代都对他们的航海做了精准的记录。

2. 哥伦布在给路易斯·桑特·安吉尔的信中报告了他的新发现

（1493）

【这封信是哥伦布返回航程快结束的时候，写给亚拉贡的财务主管路易斯·桑特·安吉尔的，他为哥伦布实现探险远征提供了巨大的帮助。这封关于他发现新大陆的书信明显是想要让费迪南德和伊莎贝拉（王室成员）过目的。现在译文的文本内容源自美国历史书籍，由哈特和钱宁两位教授编制而成。】

尊敬的阁下：

我知道您一定会乐意倾听在我的这次航行中，上帝赐予我的伟大胜利。我写信给您，由此您可以知道我如何在33天的时间里，带领着最为显赫的国王和王后殿下赐予我的舰队，漂洋过海，到达印度（今巴哈马群岛，哥伦布误以为是印度）。在那里，我发现了许多岛屿，岛屿上面人口众多，我以西班牙国王和王后的名义，宣布拥有那些地方，并挂起了皇家旗帜，而且没有遇到任何抵抗。

我还为我发现的第一个岛屿取名为圣·萨尔瓦多（今沃尔亭

岛），以此纪念救世主，他奇迹般地一路上为我们消灾解难，当地的印度人（实际是印第安人）称那个岛为瓜那哈尼。我又为第二个岛起名为圣·玛利亚·康塞普西翁岛（今拉姆海湾），为第三个岛起名为费迪南德岛（今长岛），为第四个岛起名为伊莎贝拉岛（即克鲁克德岛），为第五个岛起名为胡安那岛（今古巴），就这样我给它们挨个命了名。

当我到达胡安那岛后，顺着海岸线向西航行，发现它是那么的辽阔，这让我以为肯定是卡塞（中国）的一个省。沿海没有城市和大的村庄，只有一小片房子，由于那些居住者们见到我们的时候全都立刻逃走了，我未能与他们进行交谈，心想我不至于碰不到大的城镇。然而运气不佳，在航行了很多里格之后（一里格为三英里，约合4.8公里）我依然一无所获。

海岸线把我引向北方，而这正是我力求避免的，因为冬天已经悄然而至，我想还是朝南为好，更何况风向也是利于向南航行的。我决定不在那儿滞留了，即刻回到我先前注意到的一个大的港湾，我还派了两个人上岸以确定那里是否有王国或是大的城市。他俩找了三天，其间发现了无数的小村落和居民，但见不到有统治者的迹象，最终无功而返。

我们从抓获的印度人口中得知，这肯定是一座岛屿。我顺着海岸线向东航行了107里格，到达了它的尽头。从那个海角望去，我发现了东边距离该岛18里格远的另一座岛屿，我为它取名为埃斯帕略拉岛。

我到了那座岛，顺着它的北部海岸往东（就如我在胡安那岛的海岸上做的一样）航行了足有178里格。这个岛和其他岛一样，物产富饶，与其他岛屿相比甚至有过之而无不及。岛上沿海地区有许多港口，在我们基督教所传播的地方，没有一个可以与之相比。

众多的河流清澈宽广，美丽无比，岛上地势高耸，高山广布，卡他弗里利岛也难与之相提并论，这里千姿百态，景观壮丽，那些高山也容易攀登，山上长满了成千上万种树木，树木高耸入云，好似直冲云霄，美不胜收。

有人告诉我这些树从不枯萎，对此我深信不疑，因为我发现这些树如同西班牙五月天里的那些树一样郁郁葱葱。这里的花儿们，有的正盛开着，争奇斗艳，有的已是硕果累累，剩下的还在蓬勃地生长中，含苞欲放。虽然已是十一月的深秋季节，当我漫步在树丛中，依然时而能听到夜莺和其他鸟儿在啼鸣歌唱。在这里棕榈树也有六至八种之多，种类如此丰富，当真是妙不可言，其他的树，果子和植物也是如此。

岛上还有许多极美的松树林和美不胜收的平原，有蜜蜂也有种类繁多的鸟类和果实，而在内地则有着许许多多的金属矿藏和无数的土著人，埃斯帕略拉岛简直是人间仙境啊。它的高山峻岭和平原田野如此富饶肥沃，适宜饲养各类牛群，可以建造城市和村庄，如果不是亲眼所见，真难以相信沿海有那么多优良的港口，甚至可以淘出金子的河流。

岛上的树、果子、植物都与胡安那岛截然不同，岛上有许多香料，大金矿和其他种类的矿藏。这里的土著人没有钢铁，也没有武器，他们也不准备使用武器，虽然他们长得很健硕，但他们却表现得出人意料的怯懦。他们唯一的武器是矛，那是在播种时制成的，顶端上装上了尖头的木制物，但他们连这种东西都不敢使用。通常我派了两三个人上岸，到一些村子里去和他们接触，他们出来了数不清的人，但是一看到我的人走近，他们就四散而逃，哪怕我保证他们不会受到任何伤害。

无论我走到哪，只要和他们说上话了，我就给他们我所带着的一切东西，如布料和其他一些东西而不接受任何的回报。他们生性胆小，但这也是真的，一旦他们放下心来，消除掉恐惧，他们是很坦率、慷慨的。

如果不是亲眼所见你也不会相信这一点，当你向他们索取任何他们所拥有的东西时，他们从不拒绝，他们甚至自己提出与人们共享，处处显示出热爱和坦诚，似乎要把自己的心掏给对方，而且，不管你给他们的东西有无价值，他们都会感到满足。

我禁止属下给他们没有价值的东西，例如一片碎陶片、玻璃碎片和皮带头，尽管如此，他们得到这些东西后，如同得到了世界上最珍贵的珠宝一般。有个水手用一条皮带换到了一块重达 2.5 卡斯蒂拉纳的金子（西班牙重量单位，约合五盎司，即 165 克），还有人用更没用的东西换得了更多的金子，为了换取小面值的新铜币，他们愿意拿出所有的东西来交换，无论是两三卡斯蒂拉纳重的金子或一二阿罗巴（西班牙重量单位，约合 25.36 磅）的精纺棉。他们甚至要断裂的酒桶箍，像傻子一样拿出他们所有的东西来交换。我认为这样做不妥而加以禁止。

我拿出上千件我带来的吸引人的物品来博取他们的好感后诱导他们成为基督教徒，爱戴国王和王后陛下，为整个卡斯蒂王国效力，并帮助我们得到我们确实需要而他们又大量拥有的东西。他们不信宗教，也不是偶像崇拜者，但所有人都相信真善美都存在于天堂，他们坚信我和我的船员以及我们的船都来自天堂。由于这种信念，在克服了恐惧之后，我们所到之处他们都会热情地接待我们。

然而，他们并不是无知之人，实际上他们都是心灵手巧之人，而且都是些精通在海上航行之人，并且能准确地描述所有的东西，只是他们从没见过像我们这样的船和这样穿衣服的人。

我刚到印度群岛时，在第一座岛上，我强行逮捕了一些土著人，从他们那我们可以得到一些消息，告诉我们哪里有哪些东西。很快，借助手势和只言片语我们理解了对方的意思。之后他们依然跟随着我们并且坚信我们来自天堂。

无论我走到哪里，消息都不胫而走，人们从一户跑到另一户再到邻近的村庄，大声高喊着："快来，快来，快来看从天堂来的人啊！"这样一来，所有的人都来了，男人、女人、大人和小孩。他们一对我们放心之后就带了一些吃的、喝的，非常善意地来让我们享用。

所有岛上的人都有许多像我们的划艇一样的大大小小的独木舟，大多数都比18个座位的驳船大。因为都是用整块的木料做的，这些独木舟都不怎么宽，但是我们的划艇却追不上它们，它们的速度快得让人难以置信。靠着这些独木舟，他们在无数的岛屿间进行贸易往来。我看到过有些可乘坐七八十号人的独木舟，每个人都有个桨。

在所有的岛屿上我看不出人们的面貌、举止和语言有什么大的不同，但他们之间还能相互沟通，这个情况是值得在意的。我期望我们伟大的陛下能促使他们皈依我们神圣的信仰，对此他们是很合适的。

我已经说过，我如何沿着胡安那岛的海岸由西向东直线航行了107里格，经过那次航行，我断定这个岛比英格兰和苏格兰加在一起还要大。因为在这107里格以西还有两个省份我没有去过，其中一个叫"亚温"，那里是长着尾巴的人类的领地。我可以从熟悉所有岛屿情况的土著那得知，这两个省份的长度不会小于五六十里格。而另一个岛就是埃斯帕略拉岛，它的海岸线的周长比从西班牙沿海的科利尔到比斯开的富恩特拉比亚的整个海岸线都长，因为沿着它由西向东我一直航行了188里格。这是一个令人向往的国度，来了就不想放弃。

虽然我为我们伟大的陛下占据了所有这些让人难以置信的富庶的岛屿，授权他们管理这些岛，如同统治卡斯蒂尔王国一样。但在埃斯帕略拉岛，我还特别购买了一座大城，它的位置极佳，位于最适合开采金矿的地方，又是便于让这边的大陆和那边的大汗王国进行贸易的地方，毋庸置疑，那里未来会有大量的贸易往来和巨额的利润。我占据了那巨大的城市并取名为纳维达（地名，位于今智利境内）。我加固了城防，建起了要塞，现在想必已经完工了吧。我留下了足够的武器和武装人员还有足够一年的粮饷，还留下了一个大三角帆船和一名能娴熟制造其他船只的工匠。我和那个国家的统治者建起友谊，他自豪地称我为兄弟，并以兄长之礼待我。退一步说，其实他改变了对我们的态度——与我们敌对，他们也不知道如何使用武器。

正如我所说的那样，他们全身赤裸，是世界上最胆小的人。因此，可以说，我留下的人足以消灭所有的敌人，只要他们自己行为检点，那个岛对他们而言毫无危险可言。在所有那些岛上，除了国王和其他统治者可以拥有多达 20 个老婆外，其他男人似乎都满足于只有一个妻子。女人比男人劳动得更多。我还未能发现他们有没有什么私有财产，看起来似乎是一个人的东西所有人都可以使用，尤其是食物更是如此。

到目前为止，我在这些岛上并没有发现如同许多人猜想的那种怪物。恰恰相反，整个种族举止非常温和，虽然他们的头发又直又粗糙，但他们并不像几内亚人那么黑，因为他们生在光照并不太强烈的地方。不过，那地方纬度有 26°，阳光还是颇为强烈的。在岛上的山上，今年冬天非常寒冷，然而他们习惯了，靠着吃一种非常辛辣的肉，他们能够忍受严寒。

至于那些怪物，我并没发现他们的踪迹，只是在去印度群岛途中的第二个岛——卡雷斯岛上的时候，那里有一个种族，这些岛上的人认为他们是异常凶恶的，他们连人肉都吃。他们有许多的独木舟，来往于印度群岛所有的岛屿之间，掳掠去任何他们能够拿走的东西。除了他们的头发长得像女人一样，他们的模样并没有什么异样。他们使用芦苇秆与尖木箭头做成的弓和箭，因为他们没有铁。和其他胆小的人相比他们算得上穷凶极恶了，但是这些我只是道听途说罢了。

他们用东西从马丁尼诺岛换来妇女做妻子，马丁尼诺岛是从西班牙到印度群岛的第一个岛屿，那里没有男人，全是女子。妇女从事那些非女性的工作，她们使用之前讲到的芦苇秆、木箭头做成弓和箭，用铜片披在自己身上，因为岛上出产许多的铜。他们明确告诉我有个比埃斯帕略拉更大的岛，那个岛上的人都是没有头发的，但那里有数不清的金子，我从不同的岛上带回了一些印度人，他们会证实这些事。

最后强调一下，以上我叙述的是我在这次快速完成的航行中所发生的事情。国王和王后将明白，他们只要给我些许的支持，我就能给予他们所渴望的大量黄金，数量惊人的香料、棉花还有他们想要的乳香、树脂（至今只在希腊的吉欧斯岛上有，那里的政府漫天要价），还有芦荟和大量的奴隶。我想我也发现了大黄和肉桂，而且我留在那里的人可以发现更多其他有价值的东西。只要风向利于航行，除了在纳维达城之外，在那儿为我留下的人的安全做了一些预防和布置，我就不耽误时间了，并且说真的，我的船如果听使唤的话，我原本能完成更多的任务的。

我想写这么多是足够了，要感谢上帝，他使所有照他意愿行事的人做成了似乎是不可能做的事。这次的发现是非常卓著的一件事，虽然一些人也许谈论过和写过关于这些国家的事，但是一切都是臆测，都是从传闻中推断的，因为没有人能说他亲眼看到了这些事。但是，我们的救世主把这些胜利赐予我们显著的国王、王后及其王国，他们因为有如此重要的成就而名扬四海。为这些发现，在基督教世界，人们应该举行盛大庆祝，虔诚地感谢上帝，让我们有可能使更多人皈依我们神圣的宗教，以及给西班牙和基督教世界带来精神上和物质上的利益而祝贺吧。这个简洁的报告完全是依照事实，在加纳利岛外，船中草书而成的。

1493 年 2 月 15 日

海军上将　顿首（信尾的谦恭用语）

附　件

再启：这封信写完后我就到达了卡斯蒂海面，那时刮起了强劲的南风和西南风，使我不得不减轻船的载重，而今天转达里斯本港，我认为这是世界上最奇妙的事，我想从那里写信给国王和王后。在所有的印度群岛上，我发现气候都像我们这五月里的天气一样，我到达印度用了 33 天，回来时用了 28 天。除去这场风暴，使我在这片海域耽误了 14 天。所有的水手都说他们从未碰到过这样严寒的冬天，失去过这么多的船只。

这是哥伦布发现印度群岛后写给财政大臣的信，这封信附在另一封给国君的信件上。

3. 关于亚美利哥·韦斯普奇首次航行的报告（1497）

【亚美利哥·韦斯普奇1452年生于佛罗伦萨，1512年卒于塞维尔。他受雇于曾为哥伦布第二次航行出资的商会。他经历了四次航行，以下的信件中记录了他的第一次航行，他在信中声称自己发现了"新世界"。他似乎比卡波特早几周，比哥伦布早差不多14个月就到达了那片大陆。对此，现代调查研究中的一些疑点长久以来一直影响了他的声望，所以德泽米勒在1507年提议以他的名字为这片大陆命名并不是没有道理的。如今的译文是从"M. K."所著的《意大利人韦斯普奇》（夸里奇版，1885年完成于伦敦）翻译而成的（原著于1505—1506年在佛罗伦萨出版）。】

亚美利哥·韦斯普奇致佛罗伦萨共和国
地方长官皮埃尔·苏德里尼的信

尊敬的大人：

在诸如谦逊的尊敬和直接的赞美之类的词语之后，即使高贵、睿智的您也可能会为我接下来的鲁莽行为而感到惊讶，我鼓励自己给您写了这么冗长的、看似十分荒谬的一封信给大人您。

我知道高贵的您屡次任职于最高委员，处理事关这庄严雄伟的共和国政府的事宜。还请您原谅我的冒昧，体谅我写这封信的心情，况且这些可能根本不与您的身份相称，也不是一种娱乐，更何况我写得粗野随性，不符合礼貌用语的任何一条标准。但是不仅由于您的宽宏大量我才有自信您会谅解我，更因为我所要写的事情是前人或当代之人都不曾知道的事实，高贵的您之后想必会理解我，这一切使得我变得无所畏惧。

现在这个送信人的请求是打动我写这封信给您的主要原因，他名叫本沃奴拖·本沃奴提，是咱们佛罗伦萨人的同胞，对此证据确凿，经证实他是您忠实的仆从，也是我非常要好的朋友。他恰好在里斯本（葡萄牙城市名），他请求我与大人您取得联系，凭着我在发现新大陆中所经历的四次航海，讲述我在世界不同地域的所见之景。这四次航海中有两次是受卡斯蒂尔国王丹·弗兰多六世之命，向西横跨连接大洋与近海的海湾。而另外两次则是受雄才大略的葡萄牙国王唐曼努埃尔所托一路向南。他告诉我大人您会很乐意听我讲述这些，而在此他也希望能为您效劳，于是我便写了这封信。

也因为我确信大人您肯定不会把我当成外人看待，想起我们年轻的时候，您便待我为好友，而现在我成了您忠诚的仆人。想起那时我们去学习语法原理，它们往往包含在那些好的例子里，一起聆听受人敬仰的修道士圣·马克·吉奥·安东尼奥·韦斯普奇的谆谆教诲。我对天发誓，他的建议和教导我真的听从了，就像彼特拉克（意大利诗人）说的那样我应该成为比现在的我更好的人。然而无论我是否会悲伤，我都会这样做，因为我曾从那些有意义的事中得到了快乐。

虽然我的那些琐碎之事或许与您的德行并不相配，但我还是会把这些告诉您，就像普林尼（罗马学者）对米西奈斯说的那样，您曾经一度习惯于从我的毫无意义的故事中得到快乐，而现在虽然您一直为公共事业操劳着，您也该花些时间来放松一下，用点时间在这些没有价值的或者逗人发笑的事情上，就像茴香通常搭配在顶级的美味食材中来促进食客消化食物一样，对您来说或许也是如此，从您繁忙的公务中解脱出来，读读我写的这封信，它或许能带走些许您对公共事业长久以来的焦虑和沉重的思考。

如果我写得冗长乏味，我渴望您能原谅我，我高贵的主人。高贵的您想必是知道我进入西班牙领土范围内的动机，我是为了来进行商品交易的。我思考这事已经四年有余了，在这四年里我亲眼见到并深刻理解了命运的变化无常，深深懂得了命运是如何操纵那稍纵即逝的利益，以及它如何让一个人一夜成名、飞黄腾达，又如何在下一刻就让他身败名裂，剥夺那些本不属于他的财富。结果，我懂得了只有不断地辛勤劳作才能不断地超越他们，从而让自己经历和承受如此多的风险与焦虑。

我毅然决然地放弃了贸易，而后调整目标，去做一些更加稳定的、值得称赞的事。从此我做好了准备去世界的其他地方看看，欣赏那里的奇观。而就在那时机会来临，当真是天助我也，天时地利人和皆备，卡斯蒂尔国王丹·弗兰多即将派遣四艘船向西发现新大陆，尊贵的国王宣召我去协助完成这次发现任务，我们于 1497 年 5 月 10 日从卡迪斯港起航，顺着航线穿过连接大洋与近海的海湾。

在那里我们航行了 18 个月（预计），发现了众多大片的陆地和数不清的岛屿，它们其中的大部分都有人居住。然而之前的作家并未在作品中提及它们，我相信，这是因为他们根本不知道那儿，因为如果我没记错的话，在我曾读过的那些作者的一本书中，作者认为这连接着大洋和近海的海湾里是没有人的海域，这个观点是我们的诗人但丁在《地狱》的第二十六章中写到的。在诗中他虚构了尤利西斯（希腊神话中的人物）之死，而我在航行中看到的那些让人叹为观止的事物，想必大人您一定能够理解吧。

正如我之前所说的，我们四艘船结伴离开卡迪斯港口，径直航向名为大加纳利岛的幸运之岛，它坐落在连接大洋和近海的海湾中，那里是有人居住的岛屿，靠近西边的尽头，位于第三气候带上，在那里抬头往上看，北极在当地水平线①之上 27.5°仰角的位置，那里距离里斯本有 280 里格（长度单位，1 里格约合 3 英里），而且夹在麦竺堤与利比西奥（西南风）②两风带中间。我们在那里停留了 8 天，备足了淡水、食物等其他的必备物资。

在这里，我们祈祷之后能有好运，之后我们加重了锚的重量，驶入风带中，开始了我们的偏西南 15°③的西行之旅。这一走便是几十天，到了第 37 天的傍晚，我们到达了一片我们认为是大陆的陆

---

① 那里位于北纬 27.5°。
② 南—南—西，值得注意的是，韦斯普奇总是用"风"这个词来预示风吹向的方向，而不是起风的地方。
③ 西偏南 15°。

地，这片陆地位于加纳利群岛以西超过 1000 里格处，岛上有人居住①，属于热带气候区。我们之所以知道它位于热带是因为我们发现北极位于这里水平线仰角 16°向西的位置②，通过我们仪器的测算，和加纳利岛差了 75°。我们在距那里 1.5 里格的地方抛锚停船，换乘小船，搭载着船员和武器驶向了陆地。

在上岸之前，我们看到一大群人在沿着海岸前行，这使得我们欢呼雀跃。我们还发现他们全身赤裸，惊恐万分地面对着我们。我相信这是因为他们注意到我们穿着衣服而且相貌和他们截然不同。他们全都退缩到小山丘后面，无论我们如何向他们示意以示我们的和平和友善，他们都不敢来与我们交谈。以至于夜幕降临，由于我们的船停在危险的海域，位于崎岖不平、无遮无拦的海岸边上，我们决定第二日便离开这里去寻找我们可以安然停靠的海湾或者海口。我们乘着西北风航行③，沿着海岸线而行，这片陆地一直都在我们的视线之内，我们又不断地在沿岸看到了人群。

直到航行了两天后，我们才发现了一处对于船只而言足够安全的地方，随即抛锚停船在距离陆地 1.5 里格的地方，在陆地上我们又看到了一大群人。而在同一天我们 40 个衣着得体的船员换乘小船登上了陆地，与上次一样，陆地上的人们依然不敢与我们交谈，对于鼓励他们来与我们进行交流我们着实是无能为力。这一天，我们努力地把我们的货物送给他们，诸如拨浪鼓、镜子、珠子项链、齿条之类的小东西。这样一来，他们中的一些人终于有了勇气来和我们进行交流。当夜幕降临时，我们已经与这些原住民建立起了友谊。

---

① 这句话只不过是重复"来自于加纳利群岛"，那些岛屿早已被标明为人居岛屿的西部末端。

② 那里位于北纬 16°。

③ 西北方向。

夜深了，我们离开他们，返回船上休息，然而第二天天刚蒙蒙亮，我们就在海滩上看到了人山人海。他们拖家带口，带着妻儿和他们站在一起。我们走上岸来发现他们全都带着他们这里的特产，那些特产都是在特定的地点才会有的那一类。

在我们上岸之前，距离岸边大约有一箭之隔远近时，他们中就有很多人跳进海里游过来迎接我们。他们都非常善于游泳，他们如此信任我们就好像我们相识已久那样，而我们对于他们如此的信任也是备感欣慰。因为之后我们尽可能地了解到他们生活中的风俗习惯，他们赤身裸体，男人女人都是如此。

他们大都中等身材，比例匀称，皮肤和狮子的鬃毛颜色很像，偏近红色，我相信如果他们穿上衣服，他们会像咱们一样白。他们身上没有毛发，只是头发又长又黑，尤其是那些被认为是美女的女子更是如此。他们的面容并不好看，因为他们的脸很宽，以至于看上去像鞑靼（位于今西撒哈拉地区）人。除了头上的头发之外，他们不让眉毛上有毛发，也不让眼皮上有，还有其他任何地方都不能有，因为他们把毛发视作肮脏的东西。无论男女走路和跑步的时候脚步都很轻，以至于女人跑一两里格远都毫无顾虑，我这么说是因为我曾多次看到他们这么做。

对此他们与我们基督徒相比而言有巨大的优势，他们游泳快得超乎我的想象，而且女人比男人游得更快，我这么说也是因为我不止一次看到他们游出一两里格远而毫不停歇。他们的武器是做工精良的弓和箭，但是箭尖并非用铁或是其他坚硬的金属制作而成，相反他们用动物或者鱼类的牙齿，又或是坚硬木料上的尖刺通过火烤硬化之后来做箭尖。毫无疑问他们都是神射手，他们可以射中任何他们瞄准的目标，在一些地方，女人也会用那些弓箭。

事实上，女人们使用其他的武器，例如火烤硬化之后的矛，或者雕刻得很精致的一些球形石块。他们久经阵仗，残暴地攻击那些不会说他们语言的人，心狠手辣，不留活口，就算暂时不杀掉也是为了更残酷地折磨俘虏。当他们上战场的时候，他们都带着他们的女人与他们一起，不只是带着那些要参加战斗的，而是因为女人们带着他们所有的财物待在他们身后三十或五十里格的地方，没有男人能在这种情况下忍受失败，而我也曾多次看到他们这样做。

他们不习惯有任何的领袖，也不整齐列队一起去做事，因为他们每个人就是自己的主人。而他们发生冲突的理由既不是因为对领地的渴望，也不是为了扩张他们的领土，对此他们并不过分贪婪。他们冲突的理由却是因为一些古老的仇恨，这些仇恨在他们中代代相传，逐渐增长。当问及他们为何要发生战争时，他们除了为死者、先烈或者是父母复仇之外并不知道其他什么理由了。

他们那些人既没有国王或者主人，也不会顺从屈服于任何人，他们享有他们自己的自由。只有当敌人杀害或者逮捕了他们其中一员的时候，他们才会被激怒而发动战争。这时，死者亲属中最年长的人会站出来，在路边进行宣讲，号召其他人跟随他去为被杀害的亲属复仇，因此我们根据他们对同伴的感受来判断他们是否被激怒。他们并没有司法系统，也不会去惩罚犯了错误的人，甚至父亲或者母亲也不会去严惩他们的孩子，然而真正让人匪夷所思的是，我们很少甚至从没看到过他们之间发生争执。

在交谈中他们表现得很单纯，而当所谈之事关乎他们自身时，他们表现得很精明、很敏锐，他们说话很少，音调很低，除了表示不同物品的名称外，他们的发音方式与我们几乎相同，要么用上颚，要么用牙齿或者嘴唇来发出声音①。他们有许许多多不同的口音，每隔100里格我们就能发现语言的变化。以至于他们自己都不能相互理解对方说的话。生活中他们的礼节是野蛮原始的，他们不在饭点开饭而是随性而为②，他们半夜里吃的比白天还多，因为他们一直在吃，这对他们并没有什么好处。而且他们就在地上吃饭没有桌布或者其他铺垫的东西。他们要么用自制的陶土盆来装肉，要么放在半个南瓜里。

他们睡在棉制的大网里，悬挂在半空中，虽然他们这样的睡眠习俗看上去并不舒服，我却认为睡在网里很甜美，因为我们铺了床单睡得比他们舒服。他们身体干净顺滑，因为正如他们所做的那样，那么频繁地清洁着自身。在他们中我既没有发现他们有任何的法律，他们也不能算作摩尔人（英格兰人姓氏）或者犹太人，更不是异教徒。因为他们并没有任何的祭祀，哪怕连祈祷的教堂也没有，为此我将他们的生活方式定义为享乐主义。

他们的住处倒是普普通通，造成小屋的风格，但是却很坚固，使用巨大的树木建造的，又覆上棕榈树的叶子，可以抵挡暴风雨的侵袭。而有些地方他们造得又宽又长，我们可以发现一间房子里竟然住着600人，我们还看到一个仅有13所房子的村庄居住着1000人。每八到十年他们会迁居一次，当问及他们为什么这样做时，他们回答这是因为时间一长这污秽的土地已经变得不利于健康，土壤腐坏了，会导致他们身体疼痛，这看上去似乎是个好理由。

颜色各异的羽毛或者来自于鱼骨的珠子，又或者是他们挂在脸

---

① 他的意思是欧洲人对于他们这种语言的发声器官没有不了解的，不外乎是上颚音或者是唇齿音。

② "随性而为"是作者的创意。

上、嘴唇和耳朵上的或白或绿的石头，这些在我们看来毫无价值的东西却是他们的财富。他们没有贸易，既不进行购买也没有销售，总而言之，他们生存下来且对自然所赐予他们的东西感到满意。

那些我们在欧洲还有其他地方视作珍宝的东西，例如金银、珠宝等物，他们却不屑一顾，即使在他们的土地上有这些东西，他们也不会辛苦地劳作去获得它们，更不会视作珍宝。在给予上他们是自由的、慷慨的，因为他们几乎不会拒绝你的任何要求；另外，索取也同样自由，如果他们视你为朋友的话。当他们去世，他们有多种不同的葬礼习俗，他们中有些会把水和食物放在他们的头顶上，认为死者可以在那儿享用，他们却没有火葬抑或是哀悼仪式。

在一些地方，他们举行看似野蛮且不近人情的葬礼，当族人饱受病痛折磨或者垂垂老矣，正在生死迷离之际的时候，他的亲人会把他送进大森林里，在那里他们在两棵树中间系上一个他们用来睡觉的网，然后将他安放在网里，在他周围跳一整天的舞，夜幕降临，他们把水和食物放在长枕上，留下他独自一人，其他人返回村子。如果病人能够自理吃喝，活下来回到村子，他们会为他举办仪式，然而只有很少数人能活着回来，直到去世也不会有人再去看他们，这就成了他们的坟墓。他们还有许多其他的葬礼习俗，由于过于繁杂，就不在此赘述了。

他们用多种形式的药物来医治疾病①，这些方式与我们的迥然不同，令人惊异的是这些病人是如何痊愈的。有许多次，我看到一名男子发烧了，当他病情加重时，他们就用大量的凉水从头到脚地冲刷他，为他沐浴，然后在他周围点起一大团火焰，让他每两小时如此往复循环一次，直到他们对他厌烦，让他睡着了才算结束，还有

①　那是"药物疗法"。

许多人利用其他方式痊愈了，他们通过节食，保持三天不吃不喝然后放血，但不是从胳膊而只是从大腿和腿肚子上放血来治疗疾病。同时他们还在嘴里喂草药来让患者呕吐，以此来治疗。此外他们还有很多其他的治疗方法，在此就不多说了。由于他们主要吃的食物是草本植物的根、水果还有鱼类，他们的血液和身上分泌黏液的成分也和我们差别很大。

他们没有小麦或者其他谷物的种子，为了他们日常的饮食，他们用一种树的根，以此来磨出面粉，他们称这种树木为乌卡，此外还有其他他们称之为卡扎比和依格纳弥的植物可以用来食用。

除了人肉之外他们很少吃肉，想必大人您应该清楚他们是异常残忍的，他们如此的惨无人道，超越了人类的极限甚至比野兽还要残忍，因为他们吃掉所有他们杀掉或者抓住的敌人，无论男女都是那么的凶残，而这仅仅是其中一件令人恐怖的事情罢了，我们还多次目睹了太多太多这样的事，在许许多多的地方，不经意间我们就看到了。听到我们说我们不吃掉我们的敌人时他们感到非常吃惊，这一点大人您请务必相信，他们其他野蛮的习俗如此之多，以至于对于现实来说我的表述是那么苍白无力。

而在这四次航海中我看到许多与我们截然不同的风俗习惯，我准备写一本名为《乐夸脱吉奥奈特》的拙劣之作，在其中我会用更大的篇幅事无巨细、极尽所能地记述我所见到的事。这本书我还尚未出版，因为我对于我所写的并不满意以至于我自己都不乐意去品读，尽管如此，有很多人鼓励我把它出版了，在其中详细描述了我的所闻所见，因此在这封信里我不会记述更多关于这方面的事了，因为在这封信里我们还有许多其他特别的事要说，就让这些事去满足众人吧。

刚开始的时候，我们在这片土地上除了看到了一些金子外没看到其他什么有利可图的东西，我相信这是由于我们语言不通的关系，但是就具体情况和条件而言，没有比这里更好的地方了。然后我们离开了这片土地，继续沿着海岸线向前航行，在此期间我们偶尔会停船靠岸来与一大群土著进行交谈。

一天傍晚时分，我们来到了一处港湾，在那里我们经历了一场巨大的危机，真得感谢圣灵庇佑我们，才得以逃过一劫。当我们到达那个港湾时，我们发现这里的村庄如同水城威尼斯般建造在水上，在极其粗大的木桩上建造了44座居住的小屋，他们以吊桥作为出入口或者门，借助架设在房屋之间的吊桥，都能从每一所房子穿过所有的吊桥。

当那里的人们看到我们的时候，他们表现出的是对我们的恐惧，立即拉起了所有的吊桥，当我们看到他们这奇怪的举动时，我们看到22只独木舟跨海而来，独木舟是他们船只的一种，用单一的一棵树木制作而成，这22只独木舟驶向我们的船只，而他们对于我们的外貌和着装感到惊讶，与我们保持着距离，我们打出信号给他们示意他们应该接近我们，并鼓励他们会受到我们的友善对待，但他们并不靠近我们。因此我们走向他们，但他们并没有等待我们接近，而是返回了陆地，同时通过信号告诉我们稍作等待，他们很快回来，他们去了小山丘的背面。

没过多久，他们带着他们的16名女子，乘着独木舟一起返回了我们这边。他们在我们每艘船上放了4名女子，大人您可以想象我们对于这个行为是多么的震惊，之后他们划着独木舟停在我们的船中间开始对我们讲话，就此而言我们将它视为一种友好的标志，在这过程中，我们看到房子里的人向前一步跨海而来游向了我们的船只。在游向我们船只的过程中他们没有表现出一丝恐惧。

就在这时，年迈的妇女从屋里走到门口，发出很大的哭喊声，并用力撕扯自己的头发以示悲伤，对此我们感到很疑惑，便把我们的武器都靠近了一些，突然，那些他们送到我们船上的女子都跳入了水中，那些男子也都与我们拉开了距离，开始用他们的弓箭射向我们，而那些游向我们的人每个人都手持长矛，尽可能地隐藏在水面之下，情况突变，面对这种突如其来的威胁，我们仅仅做到自我防卫是不够的，而要展开大力进攻，我们用我们的船撞翻了他们许多的铁榴石或独木舟，为此他们告诉他们其他同伴，我们对他们进行了屠杀，他们纷纷跳入海中丢下独木舟四散而逃。

他们遭受了相当大的损失后，逃到了海岸上。为此他们死了15到20人，还有很多人负伤，而我们这边仅有5人受伤，多亏上帝的恩泽，并无人员死亡。我们抓住了两男两女，继续向着他们的住所前进，然后破门而入，在屋里我们除了两个年迈的妇人和一个生病的男子之外一无所获，我们带走了他们很多东西，但都没有什么价值。我们没有烧掉他们的房子，因为这么做的话我们的良心会过不去的，最终我们带着5名俘虏回到了我们的船上，我们登上船，除了那两个女孩外我们用铁链铐住每个俘虏的双脚，当夜幕降临时，那两个女孩和一个男子竟然意想不到地逃走了。

第二天，我们决定放弃这个港湾继续我们的航行，继续向前。我们沿着海岸线继续前进，直到距离前一个部落大约80里格远的地方，我们看到了另一个部落，发现他们在语言和风俗上与之前的部落有很大的区别。我们果断地抛锚停船，换乘小船上岸，我们在海滩上看到了一大群人，大概有4000人之多，当我们到达岸边的时候，他们不敢与我们待在一起，快速地穿过森林撤离，丢下了他们带着的物品，待到我们上岸，我们顺着路走向森林，在大约有一箭之遥那么远的地方发现了他们的帐篷，在那里他们点起了巨大的火堆，有两个人正在那里烹饪食物，烧烤几种动物和各色鱼类。在那里我们看到他们在烧烤一种看上去像是毒蛇的动物，这种动物没有翅膀，它被捆绑着，外表令人极其厌恶，我们对于这些人的野蛮行为感到非常震惊。

就这样，我们穿过他们的房子，或许应该说是帐篷，发现有许多活着的那种毒蛇，这些类似毒蛇的生物双脚被绑着，而且在嘴巴上还勒着绳子，以至于它们不能张开嘴，类似于欧洲对獒犬的做法那样，以防它们可能咬人。它们看上去那么残暴，我们中没有一个人敢去碰它们，大家都认为它是有毒的。它们如同幼儿般大小，有1.5 义欧（旧时量步用的长度单位）长，它们的脚又长又厚重，拥有巨大的爪子。此外它们的皮肤坚硬且颜色各异，它们有着毒蛇样的嘴和面部，从它们的鼻子沿着背部中间，直到尾巴尖上长着像锯齿状的鸡冠①。总之，我们把它们看作是蛇而且是毒蛇，而那些人竟然在吃它们。

我们发现他们用从海里捕来的鱼做面包，首先将鱼煮熟，然后捣碎它们，制成肉酱或者面包，而且他们还用余火来烘烤它们，如此一来他们就可以吃了。我们尝了尝，发现味道还不错，他们还有许多其他的食物尤其是水果和根，如果详细叙述的话这必然是一个大话题，有许多可以说的。

看到那些土著并未返回，我们决定既不触碰也不拿走他们的任何东西，以此来更好地让他们安心，之后我们在他们的帐篷里留下了许多我们的东西，把这些东西放置在他们可以看到的地方，然后返回了我们的船上。

第二天，天刚蒙蒙亮我们就看到海滩上有许多人，我们赶紧上岸，尽管面对我们他们还是表现得很胆怯，但是他们鼓起勇气，来

---

① 那种动物是中南美洲特有的一种蜥蜴。

与我们进行交谈，对于我们所要求的无论什么全都答应，对我们十分友善。他们告诉我们那些是他们的住所，他们来这里是为了打鱼，他们恳请我们去他们的住所和庄子做客，因为对我们他们渴望以朋友之礼待之。他们之所以对我们如此友善还因为我们所抓获的两名俘虏，这两人是他们的敌人，基于他们的强烈要求，我们商议之后决定由我们其中的 28 个基督教徒组成一队人与他们同行，去他们的村庄看看，而且如果必要的话，我们已经做好了必死的决心。

我们在这待了几天后，便与他们一道走进了这片土地。从海岸往里走了三里格我们来到了一个有很多人但住宅稀疏的村庄，大概不超过九所住所而已，在那里他们为我们举办了许多从未有人记述过的原始野蛮的仪式，他们跳舞、唱歌，哀悼中夹杂着欢庆，还有数不胜数的食物，我们在此过了一夜……在此待了一夜外加上一个半天之后，不可计数的一大群人来到这里看我们，他们中最为年长者恳切地邀请我们与他们一起到其他更深处的村落里做客，他们给了我们最为尊贵的头衔，对我们格外尊敬，为此我们决定和他们同去看个究竟。他们对我们的尊崇和尊敬实在是溢于言表，我们去了数个村落，行程长达九天，以至于我们留守在船上的基督教徒们对于我们已经是忧心忡忡了。

当我们在陆地内已经行进了 18 里格的时候，我们毅然决定是时候返回我们的船了，而在我们的归程途中，一群人有男有女，他们一道送我们一直到达海边，如果我们中任何人感到疲惫，他们都会用他们的网抬着我们走，而在过那些湍急宽阔的河流时，他们用熟练的方式，安安全全地带着我们过了河，无论如何不让我们有一点点的危险，而且他们中很多人都满载着送给我们的东西，例如众多的毛皮，许多的弓和箭，数不清的颜色各异的鹦鹉，还有一些人带着他们日常的物品，例如家禽之类的，这些都装在他们用来睡觉的网中带了过来。但是我要告诉你的是另一件更让我们惊讶的事，当我们不得不蹚过河水的时候，他们为自己能够背着我们过河而感到荣幸。

当我们到达海边的时候，我们的船已经来了，我们登上了船。他们因为从来没有见过这样的船只，也都努力跟上来看看我们的船，对此我们感到非常惊讶。我们尽可能多地把他们接上我们的船，而就在我们上船的过程中，又有更多其他人游过来想要上船看看。我们看到这么多人在船上却感到很尴尬，因为这里有上千人全身赤裸，而且没有佩带武器。他们对我们船上的齿轮和装置还有船的大小都感到很惊奇。

与他们在一起的时候还发生了一件很有趣的事，我们决定展示几种我们强大的枪械，当我们开火的时候，他们大多数人惊恐地跳进了海里，无异于青蛙在池塘边缘时，一旦受到惊吓，它们就跳进水里，这些人们也是这样。而那些还在船里的人也是非常害怕，而我们也为我们的行为感到后悔，不过在我们告诉他们我们用那些武器来杀死我们的敌人之后又使他们放心了。

他们在船上玩闹、惊喜了一整天之后，我们让他们离开了，因为我们打算在当夜离开。在友谊与爱之中我们道了别，他们返回了陆地。从这些人和他们生活的这片土地上，我了解了，见识到他们的风俗习惯和生活方式，对此我不想再多说了，因为大人您一定知道在我的每次航海中我都会记下最为精彩的事件，我会根据不同地区差异，按照顺序把它们全都记录在我的书里，然后我给此书命名为《乐夸脱吉奥奈特》，在这本书里详细记录了这些事情，但是这本书还未出版，因为我还有必要对它进行修改。

这是一片人口稠密的大陆，有许许多多的居住者在这片土地上，这里有众多的河流，动物，除了狮子、豹子、牡鹿（鹿的一种）、猪、山羊还有鹿之外，很少有与我们的动物相似的，它们甚至在外形上都不同。他们既没有马也没有骡子，恕我冒昧，他们甚至没有驴或者狗，也没有任何一种绵羊或者公牛。然而他们有数不清的其他动物，全都是野生的，但是并没有一种动物能够为他们服务，所以这些不能算作数。我们还要说说其他的，例如鸟类。这里鸟类数量庞大，种类丰富，羽毛颜色也是多种多样，能看到这些鸟儿真是让人感到惊喜。

这里的土壤肥沃，多产，长满了巨大的树木，森林广布，而且树木常青，叶子从不凋落。这里盛产水果，数量繁多且都与我们的截然不同。这片土地是在热带范围内，临近或者刚好在北回归线以南，在这里水平线与极点成仰角 23°，位于第二气候的端点位置①。有许多的部落闻讯后来看我们，对我们的外表和白色的肤色感到惊奇，他们问我们是从何而来的，我们回答是从天堂而来，来看看这个世界，而他们居然相信了。

我们在这里建起了洗礼池，不可计数的人们接受了洗礼，而他们按照自己的语言称呼我们为卡罗比，意思是博学多知的智者。我们从一个名为拉里伯的地方港口出发，沿着海岸航行，总是能够看到陆地，一直向西北方向前进了 870 里格，其间我们数次停船下来与许多当地人进行交流，而在一些地方我们也通过以物换物得到了一些金子，但是并不是很多，因为在此次发现大陆的航行中我们得知了他们拥有金子，已经做得够多了。

我们已经连续航行了 13 个月，船只和设备已经很大程度上受损，人员也都筋疲力尽，通过共同商议，我们决定靠岸检修船体和设备。这是为了加固船体裂缝，因为它们漏了很多水，我们重新填

---

① 那里位于北纬 23°。

上裂缝，防止漏水，然后返航驶向西班牙。当我们做出这个决定的时候，我们正好临近世界上最好的海港，我们便把船开进了海港，在那里我们发现人来人往，人数众多。当地人非常友善地接待了我们，在我们登陆后，我们在海岸上用我们的船、琵琶桶还有装酒的酒桶构筑起了堡垒①，又用我们的火炮控制了每个要点。我们的船也没有卸货，依旧是灯火通明，我们把所有需要维修护理的设备拉到岸上进行修理，而众多当地的土著们给了我们巨大的帮助。

他们源源不断地为我们供给食物，可是在这个港口当时我们只消耗很少的一部分，而这正好符合我们的计划，因为我们自己为这次返程储存的给养并不多，甚至有点太少了，种类也不多。在这里我们待了足足 37 天，这期间多次进入到当地人的村庄里，在那里他们给予了我们最崇高的敬意，而现在我们打算离开了。

他们向我们抱怨每年到特定的几个时间，他们的敌人会从海外来到这里，他们是非常凶残的，通过阴谋或者武力杀戮了他们中的很多人，还会吃掉他们。其中的俘虏们他们会带回到自己的家中或所在的村子以及他们是如何想方设法保护自己不受那些人的杀戮。他们示意我们，这伙人居住在距离此地 100 里格远的岛上，鉴于他们如此可怜兮兮地告诉我们这些，我们相信了他们，并向他们保证为了如此残忍之事，我们一定会替他们报仇，这使得他们欣喜若狂。

他们中很多人愿意与我们一起去复仇，但是出于多种原因我并不希望带他们的人，最后我们带了他们中的 7 个人，并且商定事后他们要乘坐他们自己的独木舟回到他们的家里，因为我不想担上再把他们送回这里的责任，对此他们表示欣然接受。于是，我们道了别，离开了这些对我们很友善的人。在修好船后，我们即刻启程，

_____

① 堡垒或者是路障。

我们在东和东北方向之间航行了七天后，在第七天黄昏时分我们到达了那些岛屿，那里有很多岛屿，一些有人居住，另外一些则是一片荒凉。我们抛锚停靠在一个能看到很多人的岛屿旁边，那里他们称之为伊提。

我们一群身形健硕的水手，每人都配备着火炮和弹药乘着小船驶向了岸边。我们在陆地上看到了大约 400 人聚在一起，其中有很多女人，他们全都如同之前我所见的人一样全身赤裸。他们身材结实，看上去都是些久经阵仗之人，每个人都装备着他们的武器，有弓、箭，还有长矛，而他们中的大部分人都有木质的方形靶心，那些东西设计如此精妙，一点都不会影响他们把弓箭从里面拿出来。当我们的船行驶到大约到达弓箭的射程之内时，为了防止我们跳上岸，他们全都跳进水里然后拉弓射向我们，他们这些人都在身上涂绘着各种颜色，用羽毛作为装饰，随我们同来的人向我解释说，当那些人涂绘着颜色、装饰着羽毛，这预示着他们想要战斗。

他们想方设法地阻止我们登陆，迫于无奈，我们动用了我们的武器。当他们听到火炮的声音，看到他们的同伴倒地而亡时，他们全都撤回了陆地上。为此我们商量了一下，然后决定派出 42 人上岸，如果那些土著人在那围堵我们，就与他们一战，就这样我们带着我们的武器登上了这片土地。那些土著向我们扑过来，我们进行了大约一个小时的激战，因为相对于他们我们只有很小的优势，除了我们的战弩手和枪手杀了他们一些人外，他们也伤到了我们的人，这是因为他们并不是停留在一处，而是选择不同地点进攻我们，以至于我们的长矛和刀剑有时根本发挥不了作用。

最后我们打出了劲头，越战越勇，与对手们展开了白刃战，当他们尝到我们武器的厉害之后，他们撤进了深山老林之中，只留下我们这些征服者还有死者的尸体及一大群受了伤的战士。那天在追击他们的时候再没有其他的流血事件发生了，因为我们实在是太疲惫了，所以不得不返回到船上，与我们一起来的 7 个人情不自禁地欢呼雀跃，欢庆起来。

第二天，我们看到很多人穿过陆地而来，硝烟弥漫，预示着战争一触即发，号角和其他他们在战争中所用器具发出的声音不停地响起，他们所有人都用各种颜色涂绘在身上，戴着各种羽毛，所以看上去非常奇怪。面对这种情况，我们把所有船只集中到一起商量了一下对策，由于这些人对我们怀有敌意，我们决心要与他们进行会面并通过所有的办法试图与他们成为朋友，但是万一他们不能成为我们的朋友，那么他们毫无疑问会成为我们的敌人，我们所俘获的众多俘虏会变成我们的奴隶。

在我们做好全副武装后，就驶向了海岸，他们在那里找不到躲避我们炮火的地方，等到我相信他们已对我们的火炮产生畏惧之后，便登上了海岸，我们 57 人组成了四支队伍，每支队伍都包括一名船长及其随从人员。我们与他们激战在一起，经过长时间的激战后他们死伤无数，我们追赶着他们一直到了他们的村落，抓获了 250 名俘虏后我们放火烧了他们的村庄，然后带着 250 名战俘以胜者之姿回到了船上。

这场战斗中他们死伤惨重而我们仅仅只有 1 人死亡 22 人受伤，而且伤者都已在康复中，真得感谢上帝啊。我们安排那 7 个人离去，他们中有 5 个人受了伤。他们乘着岛上的独木舟带着我们给他们的四男三女 7 个俘虏还有满心的喜悦和对我们力量的惊奇返回了他们的家乡。在此之后，我们立即带着俘获的奴隶启程返回西班牙，于 1498 年 10 月 15 日到达了西班牙的卡迪斯港，在那里我们受到了隆重的欢迎并卖掉了我们的俘虏。以上就是发生在我身上，值得记录的，我的首次航行。

4. 约翰·卡伯特发现北美

（1497）

　　【约翰·卡伯特又名乔尼亚·卡伯特，他是土生土长的热那亚人，是威尼斯的居民。由于1496年发现新大陆的航行他获得了由英王亨利七世颁发的英皇制诰。在1497年的夏季，他穿越大西洋发现了北美大陆，大概是在拉布拉多海岸。这项成就源自于英国对北美洲的渴望与索求。以下三个文件包含着所有来自于与他同一时代人们的证据，文件中他们的信息可能源自于约翰·卡伯特本人，而接下来的文章源自哈克卢特社会版的《哥伦布日志》。】

劳伦兹·帕斯夸利哥
写给他兄弟阿尔维斯和弗兰西斯科的信[①]

我们的威尼斯人从英国西部的布里斯托尔乘小船出发去寻找新岛屿已经回来了。据他所说，他在 700 里格之外发现了格兰卡姆国的大陆，而且他沿着海岸又行驶了 300 里格，然后上了岸，在那里他没有发现任何人。但是他却把参与到这场游戏的诱惑带回了这里，带给了国王，因为他发现了用来织网的针还有带有缺口的树木，借此他断定那里是有人居住的，带着满心的疑惑他回到了船上。他已经航行了三个月了，确实是时候返航了，在返航途中他又在右边看到了两个岛屿，为了不耽误时间，他并未登陆，因为他急需给养。

回来后，国王为他这次的发现感到极大欣喜，卡伯特解释说他所到之处海水相对平稳，没有意外发生。国王承诺下一次就如卡伯特所愿，派遣 10 艘全副武装的舰船给他，而且还满足他的请求，把除了那些罪大恶极背叛国家的囚犯之外的其余囚犯都给他，与他同往。此外直到下次出航为止，奖励给他大量金钱让他享乐。此时，他与他的威尼斯妻子还有儿子们一同生活在布里斯托尔。他的名字叫作约翰·卡伯特，他被尊称为伟大的海军将领，备受赞誉，受人敬仰，满身穿戴都是绫罗绸缎。很多英国人已经准备好同他交往，当地很多地痞无赖也乐于同他交往。发现者们在地上布置了一个巨大的十字架，上面附有英国国旗。这些发现者中有位叫圣马克的人，

---

① 威尼斯国家日历，i. p.（页码）262，No. 752。

因为他是威尼斯人，所以我相信我们的旗帜一定会飘扬在远方。

1497 年 8 月 23 日，伦敦

米兰公爵①第一次提拔雷蒙·帝·商奇诺（节选）

几个月后我们尊贵的陛下派遣了一名威尼斯人踏上了发现新岛屿的航行，这名威尼斯人是著名的水手，在发现岛屿方面他可谓是极有经验。果不其然，他顺利地回来了，还发现了两座巨大而且土壤肥沃的岛屿，这两座岛屿看上去有 7 座城市那么大，位于英格兰以西 400 里格的地方。这些成就让我们尊贵的陛下立即喜上眉梢，派了 15 或者 20 艘船给这个威尼斯人。

1497 年 8 月 24 日

米兰公爵②第二次提拔雷蒙·帝·商奇诺

1497 年 12 月 18 日

我最圣明，最卓尔不凡的主人啊：

或许对于功勋卓著的您而言，获悉这位君王如何兵不血刃地获得了亚洲的一部分土地并不受追捧。在这个王国里有这么一位叫约

---

① 威尼斯国家日历，i. p.（页码）260，No. 750。
② 阿奴里奥·三帝飞科·米兰，后经哈里斯修改为阿兹夫德·艾德特·米兰。

翰·卡伯特的威尼斯人，他温文尔雅，在航海方面很是专业。当他看到最为沉着冷静的葡萄牙和西班牙国王占据了一些未知的岛屿后，他亦想为刚才所提到的这位君王获得类似的成就。在获得了皇室特权以确保对他可能发现的土地享有支配权，而这些土地的所有权归于王室之后，他将他的命运赌在了一艘只有18名船员的小船上，然后从这个王国西部的港口布里斯托尔起航了。

经过更西端的伊比利亚，他调整航向向北而行，开始了航向东部地区之旅，在这七天的时间里，北极星位于他的右侧，他四处游荡了很久，终于到达了一片陆地。在那里他升起皇室的旗帜，为他的君主占领了那片土地。在得到了各种各样能证明他发现的明证后，他返航而归。前面提到的约翰·卡伯特，作为一个并不富裕的外国人，如果船上的船员不能证实他所言非虚的话，他的话是没有几人相信的，因为船员几乎都是布里斯托尔的英国人。这个约翰·卡伯特把自己关于世界的描述都绘制在一张海图上，还有一个他所制作的地球仪，并在上面标示出他所去过的地方。在这次向东航行中，他远行经过了塔内斯。他们说那片土地棒极了，至于那里的天气如何呢？那里气候温和，料想定有黄铁矿和银矿在那里。

同时，通过观察，他们断定那里鱼类丰富，不仅可以用网捕鱼，甚至可以在篮子里放上石头，让篮子沉进水中，用篮子来捕鱼。这些都是我从约翰·卡伯特那里亲耳听到的。

据约翰·卡伯特的那些英国同伴所言，他们得到如此多的鱼以至于王国都不再需要冰岛了。此前这个王国与冰岛之间一直保持着大量库存鱼或冷冻鱼的贸易。而约翰·卡伯特把他的心思放在更高的事情上，他在想等到占领了那里之后，他将继续向东出发，到达对面那座被称为潘戈（为马可·波罗及中世纪地理学家所用，指的是今天的日本）的岛屿。那里地处赤道地区，他相信在那里可以找到世界上所有的香料还有珠宝。他进一步说道，他曾经去过麦加，来自远方国度的商队把香料带到那里，当他打听香料的出处和产地时，那些人回答说他们也不知道，但是这些商品是其他商队从远方的国度带到他们的家乡的，而且他们还说这些香料是那些商队从其他遥远的地域带来的。

约翰·卡伯特经过论证得出这样的观点，就是，如果东方人告诉那些南方人，那些东西来自于距离他们很远的地方。那么假设地球是圆的，也就是说最后的源头就在北部以西的位置上，也就是说，按照这种方式前进的航线不会比我们现在的更远，而我本人也相信他的论证。而且，这位君王很有智慧并非挥霍无度之人，因为约翰·卡伯特以往的成就，他才对他如此的信任，为他提供了丰富的财物用以日常花销，这些都是约翰·卡伯特亲自告诉我的。

据悉，不久之后，他的君主会派遣几艘带有武装的船只给他，还会赐予他所有的囚犯，让他们前往海外那些新发现的土地进行殖民，为此他们希望在伦敦建立起比亚历山大还要巨大的香料仓库。

这项计划的主要参与者都是布里斯托尔人。他们都是出色的水手，如今他们知道他们将前往何方，他们称在离开伊比利亚后不超过15天他们就会占领那里。我也曾与约翰·卡伯特的一名勃艮第人（法国）伙伴聊起过，他承认了所有的这些事，他还希望能顺利归来，因为海军将领（被授予此军衔）约翰·卡伯特已经赐予了他一座岛屿，此外还赐予了另一座岛给他的理发师——热那亚人加斯蒂尼，此二人都将自己视为伯爵一般；他们也把我的海军将领主人看成是王子一般对其毕恭毕敬。

我同样相信有些穷苦的意大利天主教会的修士们会参与这次航海，他们全都被承诺会获得主教之位。那么如果我在他即将出发前与这位海军将领结交，我至少也能得到大主教之位，但是我认为从我圣明的主人您这里得到封赏会更为稳妥。我冒险请求，万一在我离开的时候有空缺出现，我可以得到这个职位，我不会被那些现在看上去比我更勤奋的人所取代，我在这个国家里可以每顿饭减少到10到12种餐品，可以每天服务3个小时以上。所以，我在这里向我极为爱戴的主人毛遂自荐。

1497 年 12 月 18 日，伦敦

您最卑微的仆从

雷蒙达斯

5. 弗吉尼亚第一宪章

（1606）

【本宪章是由英国国王詹姆士一世于 1606 年 4 月 10 日为美国最早的殖民地所批准通过的。这是一份典型的由英国政府颁布的文件，文件赋予"冒险家"在新世界建立殖民地的权力。"弗吉尼亚"这一名称适用于所有由大不列颠所占领的北美部分。】

1. 承蒙上帝庇佑，詹姆士一世成为英格兰、苏格兰、法兰西及爱尔兰王国的国王，作为信仰的守护者，他是一位受人爱戴、人人敬仰之人。托马斯·盖茨、乔治·苏摩两位爵士，理查德·哈克鲁特、罗利·吉伯特、艾斯克斯·威廉姆·帕克、乔治·波帕姆等绅士都是我们所爱戴的人，他们谦虚地追随我们，为此我们将赐予他们我们的特许证，允许居住和殖民，建立起由我们各式各样在美洲的人民组成的殖民地，一般而言我们称之为"弗吉尼亚"。至于美洲的其他地区和领土，要么是依附于我们的，要么就是现在还未被任何信奉基督教的贵族或者人民所实际控制的地区。我们所控制的是整个海岸线，从昼夜平分线算起北纬34°到北纬45°之间，还有内陆同样是北纬34°到北纬45°之间及与那里相毗邻的岛屿或者距离海岸100英里以内的岛屿。

2. 为了快速达成他们所说的在那里殖民和居住的目的，我们想要把他们分成两个殖民地和公司。其中一个公司由来自伦敦及那些有时可能会加入到他们之中地区的特定的骑士、绅士和商人，以及其他的冒险家组成。他们真诚地希望在那些地理位置适宜、交通便利的地方开始殖民，这个位置指的是弗吉尼亚海岸以及上述美洲海岸沿线位于北纬34°到北纬41°间。而另一个公司由来自布里斯托尔、艾克赛特、普利茅斯以及其他加入殖民地地区的众多骑士、绅士、商人，还有其他的冒险家组成。他们也真诚地希望在上述弗吉尼亚和美洲海岸之间，例如利斯海岸，位于北纬38°到北纬45°之间适宜居住、交通便利的地方开始进行殖民。

3. 对于他们促成如此高贵的工作的渴望，我们倍加推崇，也乐意接受。这个工作或许是全知全能的神的旨意，从此之后侍候他神圣的君王，将基督教传播给那些现在还生活在黑暗与困苦中，对于真理和膜拜神还愚昧无知的人们，及时将还生活在那些灾祸中的异教徒和野蛮人带到人类的礼节中来，并进而建立起长治久安的政府。我们之所以这么做，完全是按照信函中的专利条款而进行的，我们欣然接受并同意他们那些谦逊和善意的愿望。

4. 我们之所以这么做是为了我们，为了我们的子孙后代，为了我们的继承者，我们认为上文提到的托马斯·盖茨爵士、乔治·苏摩爵士、理查德·哈克鲁特、爱德华·玛利亚·温菲尔德，还有来自我们伦敦以及所有其他地区的人已经加入或者即将加入殖民地，而这个可以称之为冒险家们的第一殖民地。而且，他们可以在前面提到的弗吉尼亚或者美洲沿岸，即介于北纬34°与北纬41°之间的地点任意选择环境适宜、交通便利之处开始他们的殖民与居住生活。他们可以从之前提到的他们开始殖民和居住的地点算起，按照英国尺寸计算 50 英里以内，沿着提到的弗吉尼亚与美洲海岸以西和西南方向，就像利思海岸这样距离海岸 100 英里以内的所有岛屿上获得任何东西，无论什么，只要是这里有的东西，例如：土地、木材、土壤、港口、河流、矿产、沼泽、水源、鱼类、商品，还有可以继承的财产之类。他们还可以从前面提到的他们开始殖民和居住的地点算起，按照英国尺寸计算 50 英里内，沿着提到的弗吉尼亚与美洲海岸以东或者东北，或者朝向北方，类似于利思海岸这样距离海岸 100 英里内的所有岛屿上获得任何东西，无论什么，只要是这里有的东西，例如：土地、木材、土壤、港口、河流、矿产、沼泽、水源、鱼类、商品，还有可以继承的财产之类。从海岸计算，方圆 50 英里，一直到径直深入内地 100 英里的范围内获得土地、木材、土壤、港口、河流、矿产、沼泽、水源、鱼类、商品，还有可以继承的财产之类都归他们所有。他们可能将会定居在那里。根据他们的自由决定权以及殖民地委员会的自由决定权，他们可以在周围地区构建防御工事，以更好地保护和防御外敌。除此之外我们不允许或者批准任何人在没有特许证或者殖民地委员会批准的情况下，在朝向内陆的后方居住或者殖民，这一点在那里首次以文字形式确定下来。

　　5. 为了我们自己，为了我们的子孙后代，为了我们的继承者，我们同样会这么做。本条约授权并同意前面提到的托马斯·哈纳姆、罗利·吉伯特、威廉姆·帕克、乔治·波帕姆，还有其他所有属于德文郡、普利茅斯镇，或者其他已经加入或者即将加入殖民地的地区，统称为第二殖民地。他们可以在前面提到的弗吉尼亚或者美洲沿岸介于北纬 38°与北纬 45°之间的任何地方，任意选择环境适宜、交通便利之处开始他们的殖民与居住生活。他们可以从前面提到的他们开始殖民和居住的地点算起，按照英国尺寸计算50英里内，沿着提到的弗吉尼亚与美洲海岸以西、西南或以南方向，如同利思海岸这样距离海岸100英里以内的所有岛屿上获得任何东西，无论什么，只要是这里有的东西，例如：土地、木材、土壤、港口、河流、矿产、沼泽、水源、鱼类、商品，还有可以继承的财产之类。他们还可以从前面提到的他们开始殖民和居住的地点算起，按照英国尺寸计算50英里内，沿着提到的弗吉尼亚与美洲海岸以东或者东北，或者朝北方向，如同利思海岸这样距离海岸100英里以内的所有岛屿上获得任何东西，无论什么，只要是这里有的东西，例如：土地、木材、土壤、港口、河流、矿产、沼泽、水源、鱼类、商品，还有可以继承的财产之类。从海岸计算，方圆50英里以内，一直到径直深入内地100英里的范围内获得土地、木材、土壤、港口、河流、矿产、沼泽、水源、鱼类、商品，还有可以继承的财产之类都归他们所有。他们可能将会定居在那里。根据他们的自由决定权以及殖民地委员会的自由决定权，他们可以在周围地区构建防御工事，以更好地保护和防御外敌。除此之外我们不允许或者批准任何人在没有特许证或者殖民地委员会批准的情况下，在朝向内陆的后方居住或者殖民，这一点在那里首次以文字形式确定下来。

6. 如果长此以往，我们志在于此且感到满意的话，上述殖民地的殖民与居住权最终将像前面提到的那样实行下去，殖民范围与其他地区之间相隔不会小于100英里，会如之前提到的那样，第一个开始他们的殖民大业。

7. 我们也会宣布命令，为了我们，为了我们的子孙后代，为了我们的继承者，同意在每个殖民地建立起委员会，此委员会将管理所有在此殖民地中可能出现的事务，解决所有可能会滋长的问题。

委员会将依照法律条例和规章制度行事。这些法律条令和规章制度代表着整个委员会的意见，只有我们亲手签字批准，加盖英国玉玺后才通过实施。每个委员会将由 13 人组成，人员的任职，调度将会一直参照统一的规章制度执行。同时要有一个专有的印章，用来批准经过各个相关委员会讨论通过的事情，这些印章上一面刻着国王的纹章，另一面刻上其肖像。而被称为第一个殖民地的弗吉尼亚委员会的印章将在一面上环形刻着以下文字：大不列颠，法兰西，爱尔兰国王（英文原文：Sigillum Regis Magnae Britanniae. Franciae, Hiberniae），而在另一面刻上：弗吉尼亚殖民地第一委员会（英文原文：Pro Concilio primae Coloniae Virginiae）。而被称为第二个殖民地的委员会的印章上将在一面上环形刻着上述的文字：大不列颠，法兰西，爱尔兰国王……而在另一面则刻着：弗吉尼亚殖民地第二委员会。

8. 同时我们将在英国也成立一个委员会，这个委员会同样由 13 名成员组成。为了达成目的，这个委员会的成员将由我们，由我们的子孙后代，由我们的继承者来任命，这个委员会我们将之称为"弗吉尼亚委员会"。在面对那些危害政府统治的问题时，这个委员会将始终拥有最高管理权和控制权，同时这一点对上述几个殖民地，还有其他一部分位于之前提到的北纬 34°到北纬 45°之间的地区同样适用。为了处理关乎殖民地委员会的事务，这个委员会也有其印章，此印章正如之前提到的那样，一面是君王的纹章，一面是其头像，在一面上环形刻有"大不列颠，法兰西，爱尔兰国王"的字样，另一面则是弗吉尼亚委员会。

9. 此外为了我们，为了我们的子孙后代，为了我们的继承者，我们批准同意上述殖民地的各个委员会有权颁布及实施命令，有权在上述的几个殖民地内的任何地点还有这些殖民地后方广大的内陆开采矿产，挖掘包括黄金、银、铜在内的各种矿石；各个殖民地及种植园有权享有金、银、铜等。这一点在本质上来讲始终是合法的，而且不受我们，我们的子孙后嗣，我们的继承者的干扰。无论以何种方式，盈利与否，账目如何，各委员会应将开采所得金银的 1/5，铜的 1/15 上交给我们，我们的子孙后代，我们的继承者们，以此类推。

10. 他们可以合法地铸造钱币，以此作为几个殖民地人民之间的流通货币，可以使得他们间以及他们与当地土著间的贸易更为简洁。在这种金属货币和这样的贸易形式下，上述殖民地委员会有权限制和约束各种不规范的行为。

11. 我们这么做同样是为了我们，为了我们的子孙后代，为了我们的继承者，根据本条约，我们将给予充分的权利与权威给之前提到的托马斯·盖茨爵士、乔治·苏摩爵士、理查德·哈克鲁特、爱德华·玛利亚·温菲尔德、托马斯·哈纳姆、罗利·吉伯特、威廉姆·帕克、乔治·波帕姆，给予他们每个人，还要给上述的几个公司种植园及殖民地。他们每个人从此以后每时每刻都有权利率领船队航向上述的种植园及殖民地，可以航行并定居在每个上文提到过的种植园及殖民地。我们如此众多的民众都将乐意与他们相伴，或者当他们中任何人在进行这段航程或者在殖民地时，我们一直都会提供充足的船只、装备、武器、仪式、粮食还有其他在那里所必要的东西，还为他们在那里提供安全保护。这样一来，从此以后上述人中再也没有人会被我们，被我们的后嗣，被我们的继承者所格外管制了。

12. 此外，根据本条约，我们现在为我们自己，为我们的后嗣，为我们的继承者所做的就是批准和授予许可证给上文提到的托马斯·盖茨爵士、乔治·苏摩爵士、理查德·哈克鲁特、爱德华·玛利亚·温菲尔德、托马斯·哈纳姆、罗利·吉伯特、威廉姆·帕克、乔治·波帕姆，还有上述的每个殖民地。这样一来，从此以后，他们中每个人都能时时刻刻防御、抗击、驱逐、抵制、反击来自水路和陆路的各种侵略行为，无论通过任何方式方法去反击那些不具备上述殖民地及种植园许可证的个人或群体。他们可以居住在上述那些殖民地及种植园区域范围内，在以后的任何时间，他们都应该尽力保护上述殖民地及种植园不受破坏、伤害及干扰。

13. 由当局政府允许，托马斯·盖茨爵士、乔治·苏摩爵士、理查德·哈克鲁特、爱德华·玛利亚·温菲尔德及其他第一殖民地成员；允许托马斯·哈纳姆、罗利·吉伯特、威廉姆·帕克、乔治·波帕姆及其他第二殖民地成员，允许他们中任何一人从此以后都有权将他们的贸易船只，货物或其他交通工具驶入上述几个殖民地管辖范围内的河湾，河流中。倘若他们要驶入日后才能归顺于我们的殖民地，将在他们交易范围内依据他们所交易的物品价值向财务部门缴纳百分之五的税金。在未来 21 年内，如果有不属于我们管辖范围内的外地人要驶入此地则需要支付在上述地区内进行交易货物百分之五的税金。等到 21 年之后，此条约将继续在官员的批准下由我们的继承人和子孙后代执行下去。

14. 为了我们自己，为了我们的继承人和子孙后代，当局将进一步授予托马斯·盖茨爵士、乔治·苏摩爵士、理查德·哈克鲁特、爱德华·玛利亚·温菲尔德及其他上述第一殖民地成员；授予托马斯·哈姆、罗利·吉伯特、威廉姆·帕克、乔治·波帕姆及其他第二殖民地成员，授予他们每个人权力，允许他们在未来七年内通过他们的代表、牧师和代理人从英格兰、爱尔兰等我们的领土内运出他们所需要的物资、奴隶、盔甲、军火和设备。为了更好地救济上述几个殖民地，他们对我们没有任何的供奉或其他职责。我们的继承者和子孙后代以后也会继续遵守这一条约。

15. 为了我们自己，为了我们的继承人，为了我们的子孙后代，当局将宣布，所有居住在我们几个殖民地内的居民，其出生在殖民地内的孩子将如同那些出生在英国或其他我们领土内的孩子一样享有我们领土内所有的自由、公民权和豁免权。

16. 此外为了我们自己，为了我们的继承者，为了我们的子孙后代，当局将宣布，如果上述殖民地或其他我们领土内的居民与其他的当地住民进行贸易，那么他将有权运输任何我们领土内的商品到上述殖民地内进行贩卖，但是如果他在没有我们许可的情况下，装载了我们领土内的商品运送去其他国家进行贩卖，为了保护第一拥有者的利益，此后我们，我们的继承者，子孙后代都将不允许这些人再用船只运输货物和奴隶，以此作为惩戒。

17. 如果长此以往，我们特此向全体基督教国王、贵族和国家宣告，如果此后有任何上述几个殖民地的公民由于做出违法乱纪之事，与我们、我们的继承人或子孙后代或其他的王公贵族或国家相敌对，造成不良影响而被吊销执照后弃恶从善，回心转意与我们保持良好的关系，则我们将在英格兰的领土范围内针对他所造成的不良影响而做出公开宣告。上述人员将承担其所造成的不良影响，在宣告允许的范围内尽量对此予以赔偿和弥补，这样一来将得到上述王公贵族等人的一致谅解。如果其并未依法对他的错误行为进行补偿，则我们、我们的继承者和子孙后代有权合法地迫使其和不在我们保护范畴内但对其进行教唆的人承担起应负的责任，所有的王公贵族及其他人有权就此对上述包括协助者和教唆者在内的每一名罪犯采取敌对行为。

18. 最后，为了我们自己，为了我们的继承者和子孙后代，当局将允许托马斯·盖茨爵士、乔治·苏摩爵士、理查德·哈克鲁特、爱德华·玛利亚·温菲尔德及其他所有第一殖民地的成员，在我们自己、我们的继承者和子孙后代依照加盖了英国王玺且代表其利益的请愿书，授予那些人及他们的继承者和受让人在议会主要成员同意的情况下，有权继承在殖民地内的所有土地、房屋及可继承遗产。这些都应该包括在上述殖民地的范围内，并在肯特郡东格林尼治的马诺尔，以自由或公租形式而不是强迫的方式归属于我们、我们的继承者和子孙后代。

19. 同样，按照上述方式，为了我们，为了我们的继承者和子孙后代，当局者授予托马斯·哈纳姆、罗利·吉伯特，威廉姆·帕克，乔治·波帕姆及其他第二殖民地成员在我，我们的继承者和子孙后代依照加盖了英国国玺且代表其利益的请愿书，授予那些人及他们的继承者和受让人在议会主要成员同意的情况下，有权继承在殖民地内的所有土地，房屋及可继承遗产。这些都应该包括在上述殖民地的范围内，并在肯特郡东格林尼治的马诺尔，以自由或公租形式而不是强迫的方式归属于我们、我们的继承者和子孙后代。

20. 由上述几个专利证书批准通过的所有土地、房屋及遗产将充分保证由专利权所有人所有，由上述几个殖民地的承担者按照以下几种方式进行分配。要么由上述殖民地的委员会来归置处理，要么由同一土地、房屋、遗产的继承人们分别进行分配。如果在表述中提及每年的真实价值或契约的必然性或其他有我们的先辈即上述的托马斯·盖茨爵士、乔治·苏摩爵士、理查德·哈克鲁特、爱德华·玛利亚·温菲尔德、托马斯·哈纳姆、罗利·吉伯特、威廉姆·帕克、乔治·波帕姆等人在此前授予但现在没有记录的权力、法案、法规等，如果因此而造成任何问题，则请以我们于 4 月 10 日，在我们统治英格兰和法国四年之日，掌管爱尔兰 9 年，苏格兰 13 年之际于威斯敏斯特制定的专利法为依据，进行定夺。

6. 五月花号公约
（1620）

【源自普利茅斯的第二任统治者威廉姆·布拉德福（1590—1657年）所写的《普利茅斯殖民地历史》一书。】

以上帝的名义，阿门。我等签约之人，都是信仰的捍卫者，蒙上帝保佑的大不列颠、法兰西和爱尔兰的国王詹姆士国王陛下的忠顺臣民。为了上帝的荣耀，为了增进基督教信仰，为了我们国王和国家的荣誉，我们远涉重洋，在弗吉尼亚北部开拓第一块殖民地。我们按照这些条约，在上帝面前一起庄严盟誓签约，自愿结成民众自治团体。为使上述条约得以顺利实施、维护和发展，也为将来能随时依此而制定和颁布有益于殖民地全体民众利益的公正与平等的法律、法规、法案、宪章和公职，我们全体都保证遵守和服从。据此于1620年11月11日，于英格兰、法兰西、爱尔兰十八世国王即苏格兰五十四世国王詹姆士陛下在位之年，我等在卡德角签署了我们的名字。

7. 权利宣言

（1765）

【1765 年 3 月英国议会通过的印花税法案中的一段内容要求，在美国殖民地使用的所有合法文书上都必须盖有一个政府印章才能生效，来自九个殖民地的代表于同年 10 月 7 日在纽约会晤，抗议这一法案及其他侵犯人权的法案，因而制定了权利宣言。1766 年 3 月印花税法案被废除。】

本次大会召开与继续，皆出于代表之成熟考虑，并经一致同意发表下述宣言，以申明美洲殖民地民众之权利，及其被强加之冤……这块大陆上的英国殖民地正陷入一场持续灾难之中。对此，吾等经充分及时考虑，兹代表上述各殖民地，并视此为吾等不可缺之权利，公开宣告吾等卑贱之见，以尊重殖民地民众最根本权利与自由，并呈诉他们因受英国议会近期法案驱迫，而产生冤情与不满。

1. 国王陛下之殖民地臣民，对大英帝国王室抱有与其国内臣民同样之忠顺，并一致服从英国议会之庄严体制。

2. 国王陛下之殖民地忠顺臣民，有权享受在英国国内出生之臣民所有继承之权利与自由。

3. 对于人民自由而言，一条不可缺少之理，它同样也是英国人原本拥有之权利，即未经本人或未经其代表同意，政府不得征税。

4. 上述殖民地之人民，目前没有，而且因其现状也不可能被大英帝国之下院所代表。

5. 唯有殖民地议员，才是民众自己推选之代表。除非经由其当地立法机关批准，任何人从未、也不能对他们进行合法征税。

6. 王室成员之用品，人民有权享用，这并不合理而且它与英国宪法之原则及文件精神前后矛盾，大不列颠人民在得到王室批准后有权使用殖民者的财产。

7. 作为陪审团听审，是每一位殖民地臣民与生俱来无价之权利。

8. 英国议会最新通过的应用于英属殖民地及美国种植园的印花税法案和其他关税法案，其向殖民地居民征收税费以及扩展过去对于海事法庭司法权之权限，已损害了殖民地居民之权利及自由。

9. 议会最新通过的几部关于征税的法案，使得处于特殊时期赋税繁重的殖民地居民十分痛苦。另外货币不足，同样致使其无法支付。

10. 一切殖民地之贸易收益最终将集中于英国，殖民地臣民便不得不从英国购买产品同时他们将对王室批准的供应有很大帮助。

11. 议会最新通过的几部对于殖民地贸易强制的法案，将会致使殖民地居民再无能力购买英国产品。

12. 殖民地之扩张、繁荣及其臣民之幸福，依赖于殖民地臣民能够享有充分的权利和自由。

13. 向国王陛下或议会任何一院请愿是英国殖民地臣民之权利。

最后，为了仁慈君主、祖国及其自身之福祉，殖民地民众据其不可剥夺之权利，特向国王陛下呈递此项忠顺提案，并恭请议会两院审议，以便废除其征收印花税之法案、其他议会法案中涉及扩大海军法庭权限之条款，以及限制美洲商业之其他最新法案。

8. 独立宣言
（1776）

【第二届大陆会议第三次会议批准了这一宣言，本宣言由来自弗吉尼亚州的理查德·亨利·李提出，马萨诸塞州的约翰·亚当斯二次审查，宣布解放联合殖民地并宣告美利坚独立。托马斯·杰斐逊、约翰·亚当斯、罗杰·谢尔曼和罗伯特·利文斯通被任命为委员会成员并起草独立宣言。这份由杰斐逊撰写的著名的文件，于1776年6月4日几乎全票通过。】

在人类事务发展的过程中，当一个民族必须解除同另一个民族的联系，并按照自然法则和上帝的旨意，以独立平等的身份立于世界列国之林时，出于对人类舆论的尊重，必须把驱使他们独立的原因予以宣布。

我们认为下述真理是不言而喻的：人人生而平等，造物主赋予他们若干不可让与的权利，其中包括生存权、自由权和追求幸福的权利。为了保障这些权利，人们才在他们中间建立政府，而政府的正当权利，则是经被统治者同意授予的。任何形式的政府一旦对这些目标的实现起破坏作用时，人民便有权予以更换或废除，以建立一个新的政府。新政府所依据的原则和组织其权利的方式，务必使人民认为唯有这样才最有可能使他们获得安全和幸福。若真要审慎地来说，成立多年的政府是不应当由于无关紧要的和一时的原因而予以更换的。过去的一切经验都说明，任何苦难，只要尚能忍受，人类还是情愿忍受，也不想为申冤而废除他们久已习惯了的政府形式。然而，当始终追求同一目标的一系列滥用职权和强取豪夺的行为表明政府企图把人民置于专制暴政之下时，人民就有权也有义务去推翻这样的政府，并为其未来的安全提供新的保障。这就是这些殖民地过去忍受苦难的经过，也是他们现在不得不改变政府制度的原因。当今大不列颠王国的历史，就是屡屡伤害和掠夺这些殖民地的历史，其直接目标就是要在各州之上建立一个独裁暴政。为了证明上述句句属实，现将事实公之于世，让公正的世人做出评判。

他拒绝批准对公众利益最有益、最必需的法律。

他禁止他的殖民总督批准刻不容缓、极端重要的法律，要不就先行搁置这些法律直至征得他的同意，而这些法律被搁置以后，他又完全置之不理。

他拒绝批准便利大地区人民的其他的法律，除非这些地区的人民情愿放弃自己在立法机构中的代表权；而代表权对人民是无比珍贵的，只有暴君才畏惧它。

他把各州的立法委员召集到一个异乎寻常、极不舒适而又远离他们的档案库的地方去开会，其目的无非是使他们疲惫不堪，被迫就范。

他一再解散各州的众议院，因为后者坚决反对他侵犯人民的权利。

他在解散众议院之后，又长期拒绝另选他人，于是这项不可剥夺的立法权便归由普通人民来行使，致使在这期间各州仍处于外敌入侵和内部骚乱的种种危险之中。

他力图阻止各州增加人口，为此目的，他阻挠外国人入籍法的通过，拒绝批准其他鼓励移民的法律，并提高分配新土地的条件。

他拒绝批准建立司法权力的法律，以阻挠司法的执行。

他迫使法官为了保住任期、薪金的数额和支付而置于他个人意志的支配之下。

他滥设新官署，委派大批官员到这里骚扰我们的人民，吞噬他们的财物。

他在和平时期，未经我们立法机构同意，就在我们中间维持其常备军。

他施加影响，使军队独立于文官政权之外，并凌驾于文官政权之上。

他同他人勾结，把我们置于一种既不符合我们的法规也未经我们法律承认的管辖之下，而且还批准他们炮制的各种伪法案，以便任其在我们中间驻扎大批武装部队；不论这些人对我们各州居民犯下何等严重的谋杀罪，他可用审判来庇护他们，让他们逍遥法外；他可以切断我们同世界各地的贸易；未经我们同意便向我们强行征税；在许多案件中剥夺我们享有陪审制的权益；以莫须有的罪名把我们押送海外受审；他在一个邻省废除了英国法律的自由制度，在那里建立专制政府，扩大其疆域，使其立即成为一个样板和合适的工具，以便向这里各殖民地推行同样的专制统治；他取消我们的许多特许状，废除我们最珍贵的法律并从根本上改变我们各州政府的形式；他终止我们立法机构行使权力，宣称他们自己拥有在任何情况下为我们制定法律的权力。

他们放弃设在这里的政府，宣称我们已不属他们保护之列，并向我们发动战争。

他在我们的海域里大肆掠夺，蹂躏我们的沿海地区，烧毁我们的城镇，残害我们人民的生命。

他此时正在运送大批外国雇佣兵，来从事其制造死亡、荒凉和暴政的勾当，其残忍与卑劣从一开始就连最野蛮的时代也难以相比，他已完全不配当一个文明国家的元首。

他强迫我们在公海被他们俘虏的同胞拿起武器反对自己的国家，使他们成为残杀自己亲友的刽子手，或使他们死于自己亲友的手下。

他在我们中间煽动内乱，并竭力挑唆残酷无情的印第安蛮子来对付我们边疆的居民，而众所周知，印第安人作战的准则是不分男女老幼、是非曲直，格杀勿论。

在遭受这些压迫的每一阶段，我们都曾以最谦卑的言辞吁请予以纠正。而我们一次又一次地请愿，却只是被报以一次又一次的伤害。

一个君主，其品格被他的每一个只有暴君才干得出的行为所暴露时，就不配君临自由的人民。

我们并不是没有想到我们英国的弟兄。他们的立法机关想把无理的管辖权扩展到我们这里来，我们时常把这个企图通知他们。我们也曾把我们移民来这里和在这里定居的情况告诉他们。我们曾恳求他们天生的正义感和雅量，念在同种同宗的分上，弃绝这些掠夺行为，因为这些掠夺行为难免会使我们之间的关系和来往中断。可他们对这种正义和同宗的呼声也同样充耳不闻。因此，我们不得不宣布脱离他们，以对待世界上其他民族的态度对待他们：同我交战者，就是敌人；同我和好者，即为朋友。

因此我们这些在大陆会议上集会的美利坚合众国的代表们，以各殖民地善良人民的名义，并经他们授权，向世界最高裁判者申诉，说明我们的庄重意向，同时郑重宣布：

我们这些联合起来的殖民地现在是，而且按公理也应该是，独立自由的国家；我们对英国王室效忠的全部义务，我们与大不列颠王国之间的一切政治联系全部断绝，而且必须断绝。

作为一个独立自由的国家，我们完全有权宣战、缔和、结盟、通商和采取独立国家有权采取的一切行动。

我们坚定地信赖神明上帝的保佑，同时以我们的生命、财产和神圣的名誉彼此宣誓来支持这一宣言。

约翰·汉考克

新罕布什尔州

乔塞亚·巴特利特

威廉·惠普尔

马修·桑顿

马萨诸塞湾

塞缪尔·亚当斯

约翰·亚当斯

埃尔布里奇·格里

罗伯特·崔特·潘恩

罗得岛

斯蒂芬·霍普金斯

威廉·艾勒里

康涅狄格州

罗杰·谢尔曼

塞缪尔·亨廷顿

威廉·威廉姆斯

奥利弗·沃尔科特

纽约州

威廉·弗洛伊德

菲尔·利文斯顿

弗朗西斯·刘易斯

古福尼尔·莫里斯

新泽西州

理查德·斯托克顿

约翰·威瑟斯庞

弗拉斯·霍普金斯

约翰·哈特

阿布拉·克拉克

宾夕法尼亚州

罗伯特·莫里斯

本杰明·拉什

本杰明·富兰克林

约翰·莫顿

乔治·克莱默

詹姆斯·史密斯

乔治·泰勒

詹姆斯·威尔逊

乔治·罗斯

特拉华州

恺撒·罗德尼

乔治·雷德

托马斯·麦基恩

马里兰岛

塞缪尔·蔡斯

威廉·帕卡

托马斯·斯通

查尔斯·卡罗尔

弗吉尼亚州

乔治·威斯

理查德·亨利·李

托马斯·杰斐逊

本杰明·哈里森

小托马斯·尼尔森

弗朗西斯·莱特福特·李

卡特·布拉克斯顿

北卡罗来纳州

威廉·胡珀

约瑟夫·休斯

约翰·佩恩

南卡罗来纳州

爱德华·拉特里奇

小托马斯·海沃德

亚瑟·米德尔顿

小托马斯·林奇

9. 十三州联邦宪法
（1777）

　　【同时通过了独立宣言的第二次大陆会议，委派委员会准备在这些殖民地之间形成联邦。1776 年 6 月 12 日，委员会提出并着手起草全国宪法，并在做了多次修改后，于 1777 年 11 月 15 日，国会通过了这部文件。然而，直到各州州议会一致通过后才付诸实施，其中最后通过的马里兰州是在 1781 年 3 月 1 日才批准生效。这些文件一直延续到 1789 年才为美国国家宪法所取代。】

这些法案适用于所有公民，无论何人都必须遵守，我们都在各州代表面前签署了我们的名字，并对此表示祝贺。

美利坚合众国各州代表，于 1777 年 11 月 15 日美国独立之翌年，一致通过《邦联和永久联合条例》，永结联盟，参与联盟者：新罕布什尔州，马萨诸塞湾，罗得岛，康涅狄格州，纽约州，新泽西州，宾夕法尼亚州，特拉华州，弗吉尼亚州，北卡罗来纳州，南卡罗来纳州和佐治亚州。

新罕布什尔州，马萨诸塞湾，罗得岛州，康涅狄格州，纽约州，新泽西州，宾夕法尼亚州，特拉华州，弗吉尼亚州，北卡罗来纳州，南卡罗来纳州和佐治亚州一致通过《邦联和永久联合条例》。

第一条　本邦联定名为"美利坚合众国"。

第二条　除由邦联议会通过的决议之外，各州均保留其主权、自由、独立以及所有的司法权、权利、权力。

第三条　"美利坚合众国"是一个坚固的、友好的联盟，是签署此条例的各州基于共同的防卫，自由的保障和彼此间与全民的福利决定成立的。不论是由于宗教、主权、贸易还是其他任何借口，联盟中各州都有义务彼此互助抵御武力侵袭和发动攻击。

第四条　为完善确保及巩固本邦联中各州人民彼此间的友谊和交往，除乞丐、流浪汉和逃犯之外，任何合众国自由民都享有各州自由民所享有的权利及豁免权；享有自由进出其他州之权利，并享有他州之所有贸易与商业权，亦受该州相同的征税与限制；但此项限制不得禁止将国外输入财产移往任何一州以及财产所有者居住之任何其他州；任何一州亦不得对合众国或各州之财产抽税或加以限制。

凡在任何一州触犯或被控以叛国罪、重罪或其他次重罪而逃出该州司法权外，并在他州被发现者，他州应根据该罪犯所逃出州行政首长之请求将该罪犯交出，并移送至对该罪犯有司法权之州。

各州对他州法院及司法官之各项记录，法案及司法程序应给予完全的尊重与信任。

第五条　为更加方便地保障合众国之全民福利，各州每年都要指派邦联议会代表，这些代表可直接由各州立法机关任命，并于十一月第一个星期一召开邦联议会。

各州均可指派 2～7 名邦联议会代表，在六年期限内任何代表不得担任超过三年；任何邦联议会代表为自己或由别人为其利益而领受工资，报酬或任何津贴者，均不得在合众国之下任职。

各州应确保有本州之代表作为邦联议会委员会委员出席合众国议会。

在邦联议会要求表决问题时，各州可以行使该州在议会上的一票投票权。

邦联议会成员在会场内外任何地方的自由言论及辩论，不受法院的弹劾或质询。议会成员除犯叛国罪、重罪或破坏治安外，在往返议会途中及开会期间，应保障其人身不受逮捕及拘禁。

第六条　未经合众国邦联议会同意，各州不得派遣任何大使馆成员，接待任何大使馆成员，不得私自与任何一位国王、王子或国家达成协议，结成联盟或签署条约；未经邦联议会允许，在合众国或任何州担任具有营利或信任之职位的任何人，不得接受任何一位国王、王子或外国赠予的任何礼物、津贴、官职及其他形式的报酬；合众国或任何州均不得颁赐任何爵位。

未经合众国邦联议会允许，任何州之间不得私自签署条约，结成邦联或联盟，即使得到国会同意，也要详细说明缔结之目的及存续期。

对于合众国议会为履行早经议会建议之对法国王朝及西班牙王朝之条约及与任何国君或国家所签订之条约，各州不得征收违反该条约规定的任何进口税或关税。

除邦联议会认可为保卫该州及其贸易所必要的战舰数量外，任何州均不得于和平时期拥有战舰；除合众国及邦联议会核定为守卫该州防务所必要要塞部队数量外，任何州均不得于和平时期拥有任何军队；但各州都应拥有一支纪律严明、武装精良的民兵，并在公共仓库中随时准备足够的野战装备及帐篷，适当数量的武器、军火和扎营装备。

除确实遭到敌军侵略或获知某印第安部族决意侵略该州的真实情报，且情势紧迫不容延误，来不及咨询议会外，未经邦联议会许可，各州不得参与任何战事。未经合众国议会宣战，任何州不得对任何战舰授予委任状或逮捕及报复特许。对已由议会宣战者，亦仅得对已宣战王国、国家及其人民依议会之规定行事。但各州受海盗骚扰者，得在情势危险存续期间，装备战舰以资应敌，直至议会另有决议为止。

第七条　各州为共同防卫所征召的陆军，其所有上校级及以下军官，均由征召或负责指挥的各州立法机关进行任命。在军官缺少时，由原先任命的各州补足。

第八条　美利坚合众国所有作战费用以及用于共同防卫或全民福利之所有支出经邦联议会批准，都将由国库来支付，国库收入由各州补给，分摊到各州的比例由各州境内土地价值决定，并准许向任何人调查，因为各州土地，建筑物及其改良之价值应依邦联议会所规定方式按时评估。各州按比例应负担之税额，由各州立法机关依其权限及指令在议会议定期限内规定并征收。

第九条　合众国议会单独拥有决定宣战媾和的绝对权力，但第六条中所述情况不在此限。合众国议会单独拥有绝对权力派遣及接受大使及签订条约、缔结同盟。凡被禁止立法征收外国人进口税及关税（各州本身人民除外）之各州或被禁止进出口各类货物或商品之各州，均不得对外签订商务条约。议会拥有绝对权力制定讼案裁判法则，决定何种陆上或水上俘获为合法，决定为合众国服役之陆海军所虏获之战利品应以何种方式分配。议会拥有绝对权力在和平时期颁发逮捕及报复特许证。议会拥有绝对权力任命法庭审理公海上之海盗罪及重罪案件，并设置法庭受理并裁决所有有关掳获案件的最后上诉，但议会成员均不得被任命为上述法庭之法官。

合众国邦联议会是所有上诉的最终手段，由各州之间分界线、管辖权或其他任何原因引起的存在于各州间的争执与辩论均可最终上诉到邦联会议；邦联议会将以下形式来行使其权力：论战中的任何一个州的立法或行政机关或法律机构要向国会递交一份请愿书，陈述问题所在并恳请聆讯，之后国会向论战中另一个州的立法或行政机关发布此项通知，并安排双方法律机构指派的委员及法官会面并组成法庭来听审及解决问题；但是如果双方不能达成一致，国会将从邦联的各州中指定三人，每个党派轮流推选出一位人选构成候选人名单，从请愿人开始，直到人员数量缩小到13位才算有效。并且国会需指派7~9名成员，这几名成员由国会拟定的名单中抽签产生，在他们中选出5个人构成执行委员或法官，他们要认真听审并最终决定争议的结果。这些法官中的代表要认真听审事情的原委，然后进行表决。如果任何一方的党派在国会指定的日期忘记出席，而且没有给出缺席的正当理由，经审查确认后国会将继续从各州中指定3人，国会秘书将有权代表该党派罢免未出席或拒绝出席的代表；并以指定受理此事法庭的审判和裁决为最终结果，如任何一方拒绝服从法院的裁决，或拒绝出庭或继续为自身辩护，法院将继续宣布审判，这也同样是最终结果，审判或判决及其他会议记录将被传达到国会，根据国会为了保障涉及其中党派提出的法令，在参加这次审判之前，每位委员必须宣誓将服从于最高法院的管理，并尽力解决争端。"我们将根据他最公正的审判，细心认真地听审去解决那些存在争议的问题，绝不允许掺杂个人偏袒之心，个人情感因素或希望得到回报的心理。"此外，不能因为合众国的利益而剥夺任何一个州的土地。

由于两州或更多州之不同承诺而发生土地私权之各项争执，应由首先承诺此项土地权利之州，对此项土地行使司法权，但如一方或一方以上同时宣称早已拥有司法权，则应依照当事人对议会之申请，由议会参照解决各州领域争执之方式，尽可能做类似之最终裁判。

合众国议会单独拥有绝对权力规定由议会或各州铸造硬币之成色与价值，规定全国度量衡之标准，规定管理与印第安人之贸易和其他事务，但不得侵犯各州在其境内之立法权。合众国议会拥有绝对权力设立管理全国各州间之邮局，并收取与各邮局必要开支相等之邮资。除团部军官外，议会有权任命所有服役合众国之陆海军军官，并有权委派服役合众国之各类官员；有权为政府制订陆海军管理条例，并指挥其作战。

合众国议会有权任命一个委员会，在议会休会期间理事，名曰"合众国委员会"，由每州出一名代表组成；为管理合众国一般事务，有权任命其他类似之委员会及公务官员；有权任命其中一人担任主席，但主席之任期，在每三年任期中不得超过一年；有权确定因合众国利益而募集必要之金钱数目，并为公共费用支出而分配及运用该项金钱；有权举债并以合众国信用发行债券，但每半年应向各州报告其负债数量或发行债券之数量；有权建立及装备海军；有权决定陆军之数量并依各州白种居民人数比例，决定各州征兵限额；由于征兵系各州应尽之义务，各州立法机关应任命团级军官，征召士兵，以合众国费用装备军队，并于议会议定之期限内，开至指定地点。但如议会依情况判断，可认为某州不宜征兵，或仅宜征小于限额数量之兵员，也可认为某州宜征大于限额之兵员，其超征之士兵亦应与本州限额内之士兵以同样方式装备。但若各州立法机关认为超征之兵为安全所需，则由各州装备之。此军队亦应于议会议定之期限内开至指定地点。

除非经九个州一致同意，否则合众国议会不得参与战争或于和平时期颁发逮捕及报复特许证，或签订条约、缔结同盟，或铸造货币并规定其价值，或核定国防或任何一州之防务及全民或任何一州人民之福利费用，或发行债券，或以合众国信用举债，或拨款，或议定应建造或购买之战舰数量及征召陆海军之数量，或任命陆军或海军总司令。除在以决议确定之休会期间内，任何其他各项争议，均应经合众国议会多数票表决决议之。

合众国议会有权在一年内休会至任何时期，并迁移至合众国任何地方开会，因此休会期不能超过六个月。议会议事录应每月出版，但议会认为需保密之有关条约、同盟或军事行动等部分除外。各州代表对各项问题之肯定及否定意见，应根据任何一名代表之请求，登载于议事录上。议会亦应根据某州代表团或任何一名代表之请求。提供上述议事录之副本，存置于各州立法机关，但上述之保密部分除外。

第十条　在邦联议会休会期间，经过九个州同意的赋予邦联议会的权力，应由合众国各州或任意九个州组成的委员会来行使。若该权力被规定需要九个州一致同意，委员会便不得行使该项权力。

第十一条　如果英属殖民地魁北克省（即加拿大）申请加入本邦联，准予其加入并可享受本邦联的各项利益。对于其他殖民地，需经过九个州一致同意，否则不准予其加入。

第十二条　在邦联条例颁布之前，所有由大陆会议或以大陆会议名义发行的货币，所借款项及所负债务均由合众国来承担。

第十三条　每个州都要遵守由本邦联递交给合众国邦联会议的决定。本邦联条例将永久存在，每个州都必须严格遵守。除邦联议会同意并经各州立法机关批准外，不得于任何时间对本邦联条例做任何修改。

吾等仰承天意，分别代表各州议会参与邦联议会，批准本邦联条款及永结联盟。吾等在条款之下签名之各州代表，依据各州授权，依各州选民之名义，代表他们绝对承认并批准本邦联条款各项规定及永结同盟，谨进一步严肃担保履行各州选民之付托，遵守合众国议会依据本邦联条款规定，送交各州就各项问题所做之决议。吾等所代表之各州应绝对遵守本邦联条款之规定。本邦联应永久存在。

本部联邦条款于 1778 年 7 月 9 日，即美国独立后之第三年，于宾夕法尼亚州费城集会制定。吾等谨于邦联议会宣誓，以资证明。

新罕布什尔州签署代表

乔塞亚·巴特利特

小约翰·温特沃斯

马萨诸塞湾签署代表

约翰·汉考克

塞缪尔·亚当斯

埃尔布里奇·格里

弗朗西斯·达纳

詹姆斯·洛弗尔

塞缪尔·霍尔滕

罗得岛签署代表

威廉·艾勒里

亨利·马尔尚

约翰·柯林斯

康涅狄格州签署代表

罗杰·谢尔曼

塞缪尔·亨廷顿

奥利弗·沃尔科特

提图斯·霍斯默

安德鲁·亚当斯

纽约州签署代表

詹姆斯·杜安

弗朗西斯·刘易斯

古福尼尔·莫里斯

威廉·杜尔

新泽西州签署代表

约翰·威瑟斯庞

纳萨尼尔·斯卡德

宾夕法尼亚州签署代表

罗伯特·莫里斯

丹尼尔·罗伯特

乔纳森·贝亚德·史密斯

威廉·克林甘

约瑟夫·里德

特拉华州签署代表

托马斯·麦基恩

尼古拉斯·范·戴克

约翰·迪金森

马里兰岛签署代表

约翰·汉森

丹尼尔·卡罗尔

弗吉尼亚州签署代表

理查德·亨利·李

约翰·班尼斯特

托马斯·亚当斯

约翰·哈维

弗朗西斯·莱特福特·李

北卡罗来纳州签署代表

约翰·佩恩

科尼利厄斯·哈尼特

约翰·威廉姆斯

南卡罗来纳州签署代表

亨利·劳伦斯

威廉·亨利·德雷顿

约翰·马修斯

理查德·哈特森

小托马斯·海沃德

佐治亚州签署代表

爱德华·特尔菲尔

约翰·沃尔顿

爱德华·兰沃西

10. 约克镇投降书

（1781）

【1781 年英军主力在约克镇被击溃，康沃利斯率军投降，签署了以下条款，这事实上加剧了大不列颠同美洲殖民地间的矛盾，也更加速了美国的独立。】

以下为条约签署双方：一方是：华盛顿将军阁下，任英法同盟军总指挥官；罗尚博伯爵阁下，任法国皇家军队，法国十字军及圣路易斯军事修会中将，负责指挥最神圣的美利坚辅助部队；德·格拉瑟伯爵阁下，任最神圣的美利坚海军中将，圣路易斯军事修会指挥官及法国海军军队驻切萨皮克总司令官。另一方：尊敬的康沃利斯伯爵，任威严的大不列颠军队中将，负责指挥约克镇及格洛斯特卫戍部队；骑士托马斯·西蒙斯，负责指挥他的英王陛下的驻弗吉尼亚州约克河上的海军军队。

第一条 英王陛下的战船驻约克镇和格洛斯特的卫戍部队的军官、海员及水手都将投降于美法同盟军，陆军为美利坚合众国囚犯，海军将加入基督教统治的海上军队。

同意

第二条　大炮、武器、军人之配备、军队金库以及各个规模的公共储备务必完好转移至指定接收部门。

同意

第三条　今日十二时约克镇左侧两个多面堡将被撤离，其中一个为美国步兵分遣队所设，另一个为法国掷弹兵分遣队所设。

同意

两点整约克镇卫戍部队将装备好武器，戴好肩章及彩色袖标，向岗哨前方的指定地点进军并向英军或德军宣战，之后他们将放下武器，返回驻营地直到被派遣至他们的目的地；一点钟格洛斯特要塞将向法军分遣队传达两项任务并由美国军队加以控制；下午三点卫戍部队将向指定地点进军，伴随着号角，骑兵剑拔弩张，步兵以规定方式前往约克镇要塞。他们同样将返回驻营地直到最后被带走。

第四条　军官有权持有他们的武器，军官和士兵也同样控制着他们各种私有财产，任何时候他们的行李和证件不必服从于搜查或检查，围攻期间同样将被保存。

同意

为卫戍部队所占有的本属于各州居民的任何财产必须被收回。

第五条　弗吉尼亚州、马里兰州或宾夕法尼亚州所拥有的以同样配给量供应的大量士兵允许为美利坚合众国效劳。来自各州的陆军军官，即英国、安斯巴赫、黑森以及其他获准假释的军官，按照1：50的比例准予他们居住于各自所在的团附近以便于能够经常视察及监督士兵训练。通行证的申请将得到批准，所以军官可为士兵接收及递送衣物和其他必需品。

同意

第六条　上述条款中提及的未从事战事的将军、参谋及其他军官允许被假释前往欧洲、纽约或美国其他州并自愿选择从事现由英国军队控制的美国海事岗位。从今日起十日内，德·格拉瑟伯爵将批准适当数目的战舰于休战期间运送上述人员至纽约，可能的话，他们可以达成一致后居住在同一地区直到他们从事一份工作。在这一条款中，陆军及海军军队民事庭的军官同样包括其中。在战舰未提供地区，陆上通行证将被批准使用。

同意

第七条　根据服务惯例，允许军官将士兵视为仆人。非士兵的仆人不得被视为囚犯，允许其陪伴主人。

同意

第八条　单桅纵帆战船由其船长及全体船员装备和驾驶，在投降书签署时刻，这艘船已在康沃利斯的安排下完全驶离港口，在外围援助下运送急件至亨利·克林顿爵士处，他认为适合派到纽约的士兵可以授权不必通过检查便可起航。当他的分遣队整装待发之际，爵士前来送行，并吩咐如果船只能够成功克服海上的危险到达目的地之后，应该听从格拉瑟爵士的指挥。船上不能携带任何储备物资，如果返航时，船员数量不够，可以从船上的乘客中选出一些加以补充，以便能够顺利返航。

第九条　交易者有权保存它们的财产，并被批准有三个月时间处理或调动这些财产；同时这些交易者不会被视为战争俘虏。

对于交易者处理的个人财物，联合军队有权优先购买。这样交易者将被视为获准假释的战争俘虏。

第十条　美利坚不同地区的土著居民，不会因为在约克镇或格洛斯特加入英国军队而受到惩罚。

此项条款与民事诉求一起不应得到批准同意。

第十一条 为病人和伤者提供合适数量的医院，他们有权获准假释并得到外科医生的护理，有权得到合众国医院对于药物的供应。

约克镇和格洛斯特药店主要为英国病人及伤者提供服务。通行证将被批准使用以便于他们必要时更进一步得到纽约的补给，适当数量的医院将被用来接收这两处要塞的病人及伤者。

第十二条 货车将被提供用来运送那些照料士兵军官的行李，同时为外科医生公费出诊及参加公费医院提供了方便。

可能的话，这些情况下都能提供这样的便利。

第十三条 停靠在约克镇和格洛斯特这两处港口的船舶及船上所有贮备物品、枪支、装备和衣物，都将被交出至他们所在州指定可占有这些物品的海军，海军要预先卸载他们的私有部分，另外部分要留在船上以备围攻时的不时之需。

同意

第十四条 不得以报复借口违反投降书中的任何条款；若文件中存在任何不确定的表达，将根据较普遍的意义和所述语言表面意义来解释。

同意

1781 年 10 月 19 日签署于弗吉尼亚州约克镇

康沃利斯

托马斯·西蒙斯

1781 年 10 月 19 日签署于弗吉尼亚州约克镇前方的战壕

乔治·华盛顿

罗尚博伯爵

德·格拉瑟伯爵

11. 巴黎和约

（1783）

【康沃利斯投降后不到五个月，为确保国内和平，英国议会于 1783 年 7 月通过了一项法案。1782 年 11 月末，美国国会代表本杰明·富兰克林、约翰·亚当斯、约翰·杰伊和亨利·劳伦斯同大英帝国正式谈判，并拟定草约。1783 年 9 月 3 日，英美正式签署合约，英国承认美国独立。】

1783 年 9 月 8 日，美利坚合众国同大英帝国之和约最终签订于法国巴黎，并于 1784 年 1 月 14 日由国会批准并公布。

以最神圣的圣父、圣子和圣灵的名义，以该种方式处理美利坚合众国同王子乔治三世最平和最强有力的旨意正满足神圣的天意，通过天神的恩惠，即大英帝国、法国、爱尔兰，信念守护者，布伦瑞克和吕内堡公爵，财务大臣及神圣罗马帝国的王子，忘掉一切阻碍他们修复相互间联系与友谊的误解和争执。根据英美两国间互惠的优势及相互便利的条件建立一种十分有益并令人满意的往来关系，以此来促进和确保两国间永久的和谐与和平。1782 年 11 月 30 日各部门授权的政府特派官员于法国巴黎签订了临时条约，这令人满意的结果也奠定了今后的英美之间的和谐与和平，此和约经大英帝国与美利坚合众国同意确立并由两国决定，但是首先须英法达成和平条款，并且由英王陛下对此条款做出相应的决定。英法两国签署条约之后，为了使上述临时条款生效，根据其要旨大英帝国和美利坚合众国已约定签署条约。即英国方面由英国议会议员戴维·哈特利代表；美国方面由时任美国驻凡尔赛宫委员会委员、马萨诸塞州国会代表、马萨诸塞州主法官、美国驻荷兰全权代表的将军阁下约翰·亚当斯，宾夕法尼亚州国会代表、宾夕法尼亚州代表大会主席、美国驻凡尔赛宫全权代表本杰明·富兰克林，及时任美国国会议长，纽约州主法官，美国驻马德里宫廷全权代表约翰·乔伊作为全权代表签署了最终条约。上述代表经过对各自代表权利的相互沟通一致确定批准了以下条款：

第一条

大英帝国承认美利坚合众国，即承认新罕布什尔州、马萨诸塞湾、罗得岛、康涅狄格州、纽约州、新泽西州、宾夕法尼亚州、特拉华州、马里兰岛、弗吉尼亚州、北卡罗来纳州、南卡罗来纳州和佐治亚州为拥有其主权的自由独立之州。他要如同对待他自己、他的子嗣和继承者一样对待上述各州，并放弃对美国的统治及和领土主权的一切要求。

第二条

将来所有可能出现的涉及美利坚合众国边界的争论都将被阻止，兹特此声明以下即为美利坚合众国边界线，即加拿大新斯科舍西北角圣克洛伊河源头至英国苏格兰高地；苏格兰高地所截河流支流汇入圣劳伦斯河，流入大西洋至康涅狄格河最西北部上游，从康涅狄格河中游至北纬45°；从上述纬度一直向西，直到与易洛魁河或卡特拉格河流交汇处；沿着上述河流流入安大略湖的中游，流经安大略湖中游直到其与伊利湖交汇处；由上述湖泊交汇处流经伊利湖中游至伊利湖与休伦湖交汇处；再由此交汇处流经休伦湖中游至休伦湖与苏必利尔湖交汇处；流经苏必利尔湖由皇家菲力比克斯群岛向北至长河；流经上述长河中游，长河与森林湖交汇处至森林湖；经森林湖至其最西北点，从此处正西方至密西西比河；沿密西西比河中部至其横切北纬31°最北部。南部边界，从上述最后一条边界线正东方，即赤道北部纬度为31°处，至阿巴拉契科拉河或凯特乎彻河中部；流经上述河流中部至其与弗林特河接合点；从此处至圣玛丽河上游；流经圣玛丽河中部至大西洋。东部边界，沿圣克洛伊河，从其位于芬迪湾的河口至其源头，再从其源头向北直至苏格兰高地，其所截河流支流流入大西洋，汇入圣劳伦斯河；包括美国任何海岸二十里格以内的所有岛屿，以及位于上述新斯科舍及东佛罗里达界线以东地区与芬迪湾及大西洋的各自接壤处，不包括上述新斯科舍省范围内所属岛屿。

第三条

根据和约，在大浅滩，其他纽芬兰河堤，圣劳伦斯海湾以及其他所有之前英美两国居民均有权利捕鱼的海域，美国居民保有原来享有的捕鱼之权利。在纽芬兰海岸及其他英属美国领土的海岸、海湾和溪流，美国居民同英国渔民一样享有自由捕鱼的权利（英国渔民并不享有自由制作鱼干或以其他方式加工鱼类的权利）；在未经划分解决的新斯科舍海湾、港口和溪流，马达兰群岛及拉布拉多，美国渔民享有制作鱼干或以其他方式加工鱼类的自由。但是只要其中的某个地区管辖问题得到解决，如果之前没有同当地居民、土地所有者或持有人达成一致，那么上述行为便不再合法。

第四条

双方债权人须符合无法律障碍才能恢复纯正英币的完全价值及之前签订契约中的真正的债务。

第五条

国会必须认真建议各州立法机构为所有英国国民以及在英国管辖范围内并未参加与美国作战的居民被没收的财产，被限制的权利和所有权的恢复做准备。任何人都应该享有自由出入 13 个州中各个地区的权利，其中一年内他们有权享有在努力获得被没收的财产，被限制的权利和所有权的恢复不受打扰；国会必须认真交付各州对于所有法律法案前言的再审查及修正，确保上述法律法案始终完善的可实施性，在保证公证平等的同时还要满足和解精神，期待这些做法能够带来永久的地区和平。此外，国会必须认真交付各州尽快恢复上述人员的财产、权利和所有权，并以其土地、权利或财产被充公前所购买时的真实价格退款给财产所有人，对于任何因为债务、婚约或类似纠纷而被没收的土地，如果能够行使其正当权利，不应受到法律的阻碍。

第六条

将来不会出现征用，及人与人之间彼此检举，或者以参与当今战争为借口的问题；不会有人由于上述缘故将来遭受到任何在他们人身、自由和财产方面的亏损和损害。在此条约经美国批准期间，这些费用受到限制的人有权立刻检举开始停止使用。

第七条

英美之间保持永久和平，两国人民今后停止在海上、陆上的一切敌对行动并互释战俘，英王陛下将量力而行，不再造成任何破坏或运走美国黑人及其他任何美国财产，英从美境内所有港口、地区、港湾撤出全部军队、戍卫部队和舰队；将所有战时构筑的防御工事交予美国炮队接管；并整理一切美国档案、记录、契约和文件，或者在战争过程中落入他的长官手中的公民必须立即被遣送回他们所属各州。

第八条

从密西西比河源头至大西洋的海域，将永久对英国国民和美利坚居民自由开放。

第九条

为确保任何英国或美国领土被彼此一方军队攻取，在美国未达成上述临时条约之前，经决定，如有上述情况发生，所占土地国家必须将土地归还并无权索赔。

第十条

从签署该条约之日起之后的六个月甚至更短的时间内，对于本条约之庄严批准，良好的执行效果及预期形态必须由缔约的政党之间进行交流。签约之人为我方代表及贵方的全权代表，双方签名充分代表了各自的意愿，借吾等之手签署这一最终条约，从签约之日起双方将罢兵言和。

1783 年 9 月 3 日，签署于法国巴黎

亨利·劳伦斯

约翰·亚当斯

本杰明·富兰克林

约翰·杰伊

12. 美利坚合众国宪法
（1787）

【1787 年 5 月 25 日，来自美国各州的 55 名代表齐聚费城讨论决定草拟美国宪法来取代十三州邦联宪法，由华盛顿担任会议主席。在一段长时间的激烈讨论和多方妥协之后，这份文件于同年 9 月 28 日已得到多个州的议会批准。到 1789 年 6 月 21 日，除十三个州以外的九个州同样已批准了这份文件。1789 年 4 月 30 日，新的联邦政府也在纽约建立了。】

序　言

我们美利坚合众国的人民，为了组织一个更完善的联邦，树立正义，保障国内的安宁，建立共同的国防，促进全民福利和确保我们自己以及我们的后代能够安享自由带来的幸福，乃为美利坚合众国制定和确立这一宪法。

第一条

第一款

本宪法所规定的立法权，全属合众国的国会，国会由一个参议院和一个众议院组成。

第二款

（1）众议院应由各州人民每两年选举一次之议员组成，各州选举人应具有该州州议会中人数最多之一院的选举人所需之资格。

（2）凡年龄未满二十五岁，或取得合众国公民资格未满七年，或于某州当选而并非该州居民者，均不得任众议员。

（3）众议员人数及直接税税额，应按联邦所辖各州的人口数目比例分配，此项人口数目的计算法，应在全体自由人民——包括订有契约的短期仆役，但不包括未被课税的印第安人数目之外，再加上所有其他人口之3/5。实际人口调查，应于合众国国会第一次会议后三年内举行，并于其后每十年举行一次，其调查方法另以法律规定之。众议员的数目，不得超过每三万人口有众议员一人，但每州至少应有众议员一人；在举行人口调查以前，各州得按照下列数目选举众议员：新罕布什尔三人、马萨诸塞八人、罗德岛及普罗维登斯垦殖区一人、康涅狄格五人、纽约六人、新泽西四人、宾夕法尼亚八人、特拉华一人、马里兰六人、弗吉尼亚十人、北卡罗来纳五人、南卡罗来纳五人、乔治亚三人。

（4）任何一州的众议员有缺额时，该州的行政长官应颁选举令，选出众议员以补充缺额。

（5）众议院应该选举出议长及其他官员；只有众议院具有提出

弹劾案的权力。

第三款

（1）合众国的参议院由每州的州议会选举两名参议员组成之，参议员的任期为六年，每名参议员有一票表决权。

（2）参议员于第一次选举后举行会议之时，应当立即尽量均等地分成三组。第一组参议员的任期，到第二年年终时届满，第二组到第四年年终时届满，第三组到第六年年终时届满，并使每两年有1/3的参议员改选；如果在某州州议会休会期间，有参议员因辞职或其他原因出缺，该州的行政长官得任命临时参议员，等到州议会下次集会时，再予选举补缺。

（3）凡年龄未满三十岁，或取得合众国公民资格未满九年，或于某州当选而并非该州居民者，均不得任参议员。

（4）合众国副总统应为参议院议长，除非在投票票数相等时，议长无投票权。

（5）参议院应选举该院的其他官员，在副总统缺席或执行合众国总统职务时，还应选举临时议长。

（6）所有弹劾案，只有参议院有权审理。在开庭审理弹劾案时，参议员们均应宣誓或誓愿。如受审者为合众国总统，则应由最高法院首席大法官担任主席；在未得到出席的参议员的三分之二的同意时，任何人不得被判有罪。

（7）弹劾案的判决，不得超过免职及取消其担任合众国政府任何有荣誉、有责任或有俸给的职位之资格；但被判处者仍须服从另据法律所作之控诉、审讯、判决及惩罚。

第四款

（1）各州州议会应规定本州参议员及众议员之选举时间、地点及程序；但国会得随时以法律制定或变更此种规定，唯有选举议员的地点不在此例。

（2）国会应至少每年集会一次，开会日期应为十二月的第一个星期一，除非他们通过法律来指定另一个日期。

第五款

（1）参众两院应各自审查本院的选举、选举结果报告和本院议员的资格，每院议员过半数即构成可以议事的法定人数；不足法定人数时，可以一天推一天地延期开会，并有权依照各该议院所规定的程序和罚则，强迫缺席的议员出席。

（2）参众两院应各自规定本院的议事规则，处罚本院扰乱秩序的议员，并且应以2/3的同意，开除本院的议员。

（3）参众两院应各自保存一份议事记录，并经常公布，唯各该院认为应保守秘密之部分除外；两院议员对于每一问题之赞成或反对，如有1/5出席议员请求，则应记载于议事记录内。

（4）在国会开会期间，任一议院未得别院同意，不得休会三日以上，亦不得迁往非两院开会的其他地点。

第六款

（1）参议员与众议员得因其服务而获报酬，报酬的多寡由法律定之，并由合众国国库支付。两院议员除犯叛国罪、重罪以及扰乱治安罪外，在出席各该院会议及往返各该院途中，有不受逮捕之特权；两院议员在议院内所发表之演说及辩论，在其他场合不受质询。

（2）参议员或众议员不得在其当选任期内担任合众国政府任何新添设的职位，或在其任期内支取因新职位而增添的俸给；在合众国政府供职的人，不得在其任职期间担任国会议员。

第七款

（1）有关征税的所有法案应在众议院中提出；但参议院得以处理其他法案的方式，以修正案提出建议或表示同意。

（2）经众议院和参议院通过的法案，在正式成为法律之前，须呈送合众国总统；总统如批准，便须签署，如不批准，即应连同他的异议把它退还给原来提出该案的议院，该议院应将异议详细记入议事记录，然后进行复议。倘若在复议之后，该议院议员的2/3仍然同意通过该法案，该院即应将该法案连同异议书送交另一院，由其同样予以复议，若此另一院亦以2/3的多数通过，该法案即成为法律。但遇有这样的情形时，两院的表决均应以赞同或反对来定，而赞同和反对该法案的议员的姓名，均应由两院分别记载于各该院的议事记录之内。如总统接到法案后十日之内（星期日除外），不将之退还，该法案即等于曾由总统签署一样，成为法律。只有当国会休会因而无法将该法案退还时，该法案才不得成为法律。

（3）任何命令、决议或表决（有关休会问题等除外），凡须由参议院及众议院予以同意者，均应呈送合众国总统；经其批准之后，方始生效，如总统不予批准，则参众两院可依照对于通过法案所规定的各种规则和限制，各以2/3的多数，再行通过。

第八款

（1）国会有权规定并征收税金、捐税、关税和其他赋税，用以偿付国债并为合众国的共同防御和全民福利提供经费；但是各种捐税、关税和其他赋税，在合众国内应划一征收；

（2）以合众国的信用举债；

（3）管理与外国的、州与州间的，以及对印第安部落的贸易；

（4）制定在合众国内一致适用的归化条例和有关破产的一致适用的法律；

（5）铸造货币，调议其价值，并厘定外币价值，以及制定度量衡的标准；

（6）制定对伪造合众国证券和货币的惩罚条例；

（7）设立邮政局及建造驿馆；

（8）为促进科学和实用技艺的进步，对作家和发明家的著作和发明，在一定期限内给予专利权的保障；

（9）设置最高法院以下的各级法院；

（10）界定并惩罚海盗罪、在公海所犯的重罪和违背国际公法的罪行；

（11）对外宣战的授权书及采取复仇行动的特许证，制定在陆地和海面虏获战利品的规则；

（12）募集和维持陆军，但每次拨充该项费用的款项，其有效期不得超过两年；

（13）建立和拥有一支海军；

（14）制定相关的政府规章制度以及陆军海军的规章；

（15）制定召集民兵的条例，以便执行联邦法律，镇压叛乱和击退侵略；

（16）规定民兵的组织、装备和训练，以及民兵为合众国服务时的管理办法，但各州保留其军官任命权，和依照国会规定的条例训练其民团的权力；

（17）对于由某州让与而由国会承受，用以充当合众国政府所在地的地区（不超过十平方英里），握有对其一切事务的全部立法权；对于经州议会同意，向州政府购得，用以建筑要塞、弹药库、兵工厂、船坞和其他必要建筑物的地方，也握有同样的权力；

（18）并且为了行使上述各项权力，以及行使本宪法赋予合众国政府或其各部门或其官员的种种权力，制定一切必要的和适当的法律。

第九款

（1）对于现有任何一州所认为的应准其移民或入境的人，在

1808 年以前，国会不得加以禁止，但可以对入境者课税，唯以每人不超过十美元为限。

（2）不得中止人身保护令所保障的特权，唯在叛乱或受到侵犯的情况下，出于公共安全的必要时不在此限。

（3）不得通过任何掠夺公权的法案或者追溯既往的法律。

（4）除非按本宪法所规定的人口调查或统计之比例，不得征收任何人口税或其他直接税。

（5）对各州输出之货物，不得课税。

（6）任何有关商务或纳税的条例，均不得赋予某一州的港口以优惠待遇；亦不得强迫任何开往或来自某一州的船只，驶入或驶出另一州，或向另一州纳税。

（7）除了依照法律的规定拨款之外，不得自国库中提出任何款项；一切公款收支的报告和账目，应经常公布。

（8）合众国不得颁发任何贵族爵位；凡是在合众国政府担任有俸给或有责任之职务者，未经国会许可，不得接受任何国王、王子或外国的任何礼物、薪酬、职务或爵位。

第十款

（1）各州不得缔结任何条约、结盟或组织邦联；不得签发采取报复行动之特许证；不得铸造货币；不得发行纸币；不得指定金银币以外的物品作为偿还债务的法定货币；不得通过任何掠夺公权的法案、追溯既往的法律和损害契约义务的法律；也不得颁发任何贵族爵位。

（2）未经国会同意，各州不得对进口货物或出口货物征收任何税款，但为了执行该州的检查法律而有绝对的必要时，不在此限；任何州对于进出口货物所征之税，其净收益应归合众国国库使用；所有这一类的检查法律，国会对之有修正和监督之权。

（3）未经国会同意，各州不得征收船舶吨位税，不得在和平时期保留军队和军舰，不得和另外一州或国缔结任何协定或契约，除非实际遭受入侵，或者遇到刻不容缓的危急情形时，不得从事战争。

第二条

第一款

（1）行政权力赋予美利坚合众国总统。总统任期四年，总统和具有同样任期的副总统，应照下列手续选举。

（2）每州应依照该州州议会所规定之手续，指定选举人若干名，其人数应与该州在国会之参议员及众议员之总数相等；但参议员、众议员及任何在合众国政府担任有责任及有俸给之职务的人，均不得被指定为选举人。

（3）各选举人应于其本身所属的州内集会，每人投票选举二人，其中至少应有一人不属本州居民。选举人应开列全体被选人名单，注明每人所得票数；他们还应签名作证明，并将封印后的名单送至合众国政府所在地交与参议院议长。参议院议长应于参众两院全体议员之前，开拆所有来件，然后计算票数。得票最多者，如其所得票数超过全体选举人的半数，即当选为总统；如同时不止一人得票过半数，且又得同等票数，则众议院应立即投票表决，选择其中一人为总统；如无人得票过半数，则众议院应自得票最多之前五名中用同样方法选举总统。但依此法选举总统时，应以州为单位，每州之代表共有一票；如全国2/3的州各有一名或多名众议员出席，即构成选举总统的法定人数；当选总统者需获全部州的过半数票。在每次这样的选举中，于总统选出后，其获得选举人所投票数最多者，即为副总统。但如有二人或二人以上得票相等时，则应由参议院投票表决，选学其中一人为副总统。

（4）由国会确定各州选出选举人的时期以及他们投票的日子；投票日期全国一致。

（5）只有出生时为合众国公民，或在本宪法实施时已为合众国公民者，可被选为总统；凡年龄未满三十五岁，或居住合众国境内未满十四年者，不得被选为总统。

（6）如遇总统被免职，或因死亡、辞职或丧失能力而不能执行其权力及职务时，总统职权应由副总统执行之。国会得以法律规定，在总统及副总统均被免职，或死亡、辞职或丧失能力时，由何人代理总统职务，该人应立即遵此条款，至总统能力恢复，或新总统被选出时为止。

（7）总统因其服务而在规定的时间内接受俸给，在其任期之内，俸金数额不得增加或减低，他亦不得在此任期内，自合众国政府和任何州政府接受其他报酬。

（8）在其就职之前，他应宣誓或誓愿如下：我郑重宣誓（或誓言）我必忠诚地执行合众国总统的职务，并尽我最大的能力，维持、保护和捍卫合众国宪法。

第二款

（1）总统为合众国陆海军的总司令，并在各州民团奉召为合众国执行任务的担任统帅；他可以要求每个行政部门的主管官员提出有关他们职务的任何事件的书面意见，除了弹劾案之外，他有权对于违犯合众国法律者颁赐缓刑和特赦。

（2）总统有权缔订条约，但须争取参议院的意见和同意，并须出席的参议员中2/3的人赞成；他有权提名，并于取得参议院的意见和同意后，任命大使、公使及领事、最高法院的法官，以及一切其他在本宪法中未经明定，但以后将依法律的规定而设置之合众国官员；国会可以制定法律，酌情把这些较低级官员的任命权，授予总统本人，授予法院，或授予各行政部门的首长。

（3）在参议院休会期间，如遇有职位出缺，总统有权任命官员补充缺额，任期于参议院下届会议结束时终结。

第三款　总统应经常向国会报告联邦的情况，并向国会提出他认为必要和适当的措施，供其考虑；在特殊情况下，他应召集两院或其中一院开会，并应于两院对于休会时间意见不一致时，命令两院休会到他认为适当的时期为止；他应接见大使和公使；他应注意使法律切实执行，并任命所有合众国的军官。

第四款　合众国总统、副总统及其他所有文官，因叛国、贿赂或其他重罪和轻罪，被弹劾而判罪者，均应免职。

第三条

第一款　合众国的司法权属于一个最高法院以及由国会随时下令设立的低级法院。最高法院和低级法院的法官，如果尽忠职守，应继续任职，并按期接受俸给作为其服务之报酬，在其继续任职期间，该项俸给不得削减。第二款

（1）司法权适用的范围，应包括在本宪法、合众国法律、和合众国已订的及将订的条约之下发生的一切涉及普通法及衡平法的案件；一切有关大使、公使及领事的案件；一切有关海上裁判权及海事裁判权的案件；合众国为当事一方的诉讼；州与州之间的诉讼，州与另一州的公民之间的诉讼，一州公民与另一州公民之间的诉讼，同州公民之间为不同之州所让与之土地而争执的诉讼，以及一州或

其公民与外国政府、公民或其属民之间的诉讼。

（2）在一切有关大使、公使、领事以及州为当事一方的案件中，最高法院有最初审理权。在上述所有其他案件中，最高法院有关于法律和事实的受理上诉权，但由国会规定为例外及另有处理条例者，不在此限。

（3）对一切罪行的审判，除了弹劾案以外，均应由陪审团裁定，并且该审判应在罪案发生的州内举行；但如罪案发生地点并不在任何一州之内，该项审判应在国会按法律指定之地点或几个地点举行。

第三款

（1）只有对合众国发动战争，或投向它的敌人，予敌人以协助及方便者，方构成叛国罪。无论何人，如非经由两个证人证明他的公然的叛国行为，或经由本人在公开法庭认罪者，均不得被判叛国罪。

（2）国会有权宣布对于叛国罪的惩处，但因叛国罪而被剥夺公权者，其后人之继承权不受影响，叛国者之财产亦只能在其本人生存期间被没收。

第四条

第一款　各州对其他各州的公共法案、记录和司法程序，应给予完全的信赖和尊重。国会应制定一般法律，用以规定这种法案、记录和司法程序如何证明以及具有何等效力。

第二款

（1）每州公民应享受各州公民所有之一切特权及豁免。

（2）凡在任何一州被控犯有叛国罪、重罪或其他罪行者，逃出法外而在另一州被缉获时，该州应即依照该罪犯所逃出之州的行政当局之请求，将该罪犯交出，以便移交至该犯罪案件有管辖权之州。

（3）凡根据一州之法律应在该州服役或服劳役者，逃往另一州时，不得因另一州之任何法律或条例，解除其服役或劳役，而应依照有权要求该项服役或劳役之当事一方的要求，把人交出。

第三款

（1）国会应准许新州加入联邦；如无有关各州之州议会及国会之同意，不得于任何州之管辖区域内建立新州；亦不得合并两州或数州或数州之一部分而成立新州。

（2）国会有权处置合众国之属地及其他产业，并制定有关这些属地及产业的一切必要的法规和章则；本宪法中任何条文，不得作有损于合众国或任何一州之权利的解释。

第四款　合众国保证联邦中的每一州皆为共和政体，保障它们不受外来的侵略；并且根据各州州议会或行政部门（当州议会不能召集时）的请求，平定其内部的暴乱。

第五条

举凡两院议员各以 2/3 的多数认为必要时，国会应提出对本宪法的修正案；或者，当现有诸州 2/3 的州议会提出请求时，国会应召集修宪大会，以上两种修正案，如经诸州 3/4 的州议会或 3/4 的州修宪大会批准时，即成为本宪法之一部分而发生全部效力，至于采用哪一种批准方式，则由国会议决；但 1808 年以前可能制定之修正案，在任何情形下，不得影响本宪法第一条第九款之第一、第四两项；任何一州，没有它的同意，不得被剥夺它在参议院中的平等投票权。

第六条

（1）合众国政府于本宪法被批准之前所积欠之债务及所签订之条约，于本宪法通过后，具有和在邦联政府时同等的效力。

（2）本宪法及依本宪法所制定之合众国法律；以及合众国已经缔结及将要缔结的一切条约，皆为全国之最高法律；每个州的法官都应受其约束，任何一州宪法或法律中的任何内容与之抵触时，均不得有违这一规定。

（3）前述之参议员及众议员，各州州议会议员，合众国政府及各州政府之一切行政及司法官员，均应宣誓或誓愿拥护本宪法；但合众国政府之任何职位或公职，皆不得以任何宗教考核标准作为任职的必要条件。

第七条

本宪法经过九个州的制宪大会批准后，即在批准本宪法的各州之间开始生效。

本宪法于1787年，即美利坚合众国独立后第12年的9月17日，经出席制宪会议的各州在会上一致同意后制定。我们谨在此签名作证。

按照宪法第五条，由国会提出并经各州批准的增添和修改美利坚合众国宪法的条款。

第一条修正案〔1791〕

国会不得制定关于下列事项的法律：确立国教或禁止宗教活动自由；限制言论自由或出版自由；剥夺公民和平集会和向政府请愿申冤的权利。

第二条修正案〔1791〕

纪律严明的民兵是保障自由州的安全所必需的，因此人民持有和携带武器的权利不得侵犯。

第三条修正案〔1791〕

在和平时期，未经房主同意，士兵不得在民房驻扎；除依法律规定的方式，战时也不允许如此。

第四条修正案〔1791〕

人民的人身、住宅、文件和财产不受无理搜查和扣押的权利，不得侵犯。除依照合理根据，以宣誓或代誓宣言保证，并具体说明搜查地点和扣押的人或物，不得发出搜查和扣押状。

第五条修正案〔1791〕

无论何人，除非根据大陪审团的报告或起诉，不得受判处死罪或其他不名誉罪行之审判，但发生在陆、海军中或发生在战时或出现公共危险时服现役的民兵中的案件，不在此限。

任何人不得因同一罪行而两次遭受生命或身体的危害；不得在任何刑事案件中被迫自证其罪；不经正当法律程序，不得被剥夺生命、自由或财产。

不给予公平赔偿，私有财产不得充作公用。

第六条修正案〔1791〕

在一切刑事诉讼中，被告享有下列权利：

由犯罪行为发生地的州和地区的公正陪审团予以迅速而公开的审判，该地区应事先由法律确定；

得知被控告的性质和理由；

同原告证人对质；

以强制程序取得对其有利的证人；

取得律师帮助为其辩护。

第七条修正案〔1791〕

在普通法的诉讼中，其争执价值超过 20 元，由陪审团审判的权利应受到保护。由陪审团裁决的事实，合众国的任何法院除非按照普通法规则，不得重新审查。

第八条修正案〔1791〕

不得要求过多的保释金，不得处以过重的罚金，不得施加残酷和非常的惩罚。

第九条修正案〔1791〕

本宪法对某些权利的列举，不得被解释为否定或忽视由人民保留的其他权利。

第十条修正案〔1804〕

本宪法未授予合众国、也未禁止各州行使的权力，保留给各州行使，或保留给人民行使之。

第十一条修正案〔1798〕

合众国的司法权，不得被解释为可以扩展到受理由他州公民或任何外国公民或臣民对合众国一州提出的或起诉的任何普通法或衡平法的诉讼。

第十二条修正案〔1791〕

（1）选举人在各自州内集会，投票选举总统和副总统，其中必须至少有一人不是选举人所属州的居民。选举人须在选票上写明被选为总统之人的姓名，并在另一选票上写明被选为副总统之人的姓名。选举人须将所有被选为总统之人和所有被选为副总统之人分别开列名单，写明每人所得票数，并在该名单上签名作证，然后封印送合众国政府所在地，呈参议院议长。参议院议长在参议院和众议院全体议员面前开拆所有证明书，然后计算票数。获得总统选票最多的人，如所得票数超过所选派选举人总数的半数，即为总统。如无人获得这种过半数票，众议院应立即从被选为总统之人名单中得票最多的但不超过 3 人中间，投票选举总统。但选举总统时，以州为单位计票，每州全体代表有一票表决权。2/3 的州各有一名或多名众议员出席，即构成选举总统的法定人数，决选总统需要所有州的过半数票（当选举总统的权力转移到众议院时，如该院在次年 3 月 4 日前尚未选出总统，则由副总统代理总统，如同总统死亡或宪法规定的其他丧失任职能力的情况一样）。

（2）得副总统选票最多者，如所得票数超过所选派选举人总数的半数，即为副总统，如无人得票超过半数，参议院应从名单上得票最多的两人中选举副总统。选举副总统的法定人数由参议员总数的 2/3 构成，选出副总统需要参议员总数的过半数票。但依宪法无资格担任总统的人，也无资格担任合众国副总统。

第十三条修正案〔1865〕

第一款　在合众国境内或受合众国管辖的任何地方，奴隶制和强迫劳役都不得存在，但作为对依法判罪者犯罪之惩罚，不在此限。

第二款　国会有权以适当立法实施本条。

第十四条修正案〔1868〕

第一款　凡在合众国出生或归化合众国并受其管辖的人，均为合众国的和其居住州的公民。任何一州，都不得制定或实施限制合众国公民的特权或豁免权的任何法律；不经正当法律程序，不得剥夺任何人的生命、自由或财产；对于在其管辖下的任何人，亦不得拒绝给予平等法律保护。

第二款　众议员的名额应按各州人口比例进行分配，每州人口统计包括该州除未纳税的印第安人之外的全部人口。但在选举合众国总统和副总统选举人、国会议员、州行政和司法官员或州议会议员的任何选举中，一州的年满 21 岁并且是合众国公民的任何男性居民，如其上述选举权被剥夺或受到任何方式的限制（因参加叛乱或其他犯罪而被剥夺者除外），则该州代表权的基础，应按以上男性公民的人数占该州年满 21 岁男性公民总人数的比例核减。

第三款　无论何人，凡先前曾以国会议员，或合众国官员，或任何州议会议员，或任何州行政或司法官员的身份宣誓维护合众国宪法，以后颠覆或反叛合众国，或给予合众国敌人帮助或支援，概不得担任国会参议员或众议员或总统和副总统选举人，或担任合众国或任何州属下的任何文职或军职官员。但国会有权以两院各 2/3 的票数取消此种限制。

第四款　对于法律批准的合众国公共债务，包括因支付平定作乱或反叛的有功人员的年金和奖金而产生的债务，其效力不得有所怀疑。但无论合众国或任何一州，都不得偿付或承担因援助对合众国的作乱或反叛而产生的任何债务或义务，亦不得偿付或承担因丧失或解放任何奴隶而提出的任何赔偿要求；所有这类债务、义务和要求，都应被认为是非法和无效的。

第五款　国会有权以适当立法实施本条规定。

第十五条修正案〔1870〕

第一款　合众国公民的投票权，不得因种族、肤色或曾被强迫服劳役而被合众国或任何一州加以剥夺或限制。

第二款　国会有权以适当立法实施本条。

第十六条修正案〔1913〕

国会有权对任何来源的收入规定和征收所得税，不必在各州按比例分配，也无须考虑任何人口普查或人口统计。

第十七条修正案〔1913〕

第一款　合众国参议院由每州两名参议员组成，参议员由本州人民选举，任期6年；每名参议员各有一票表决权。每个州的选举人应具备该州州议会人数最多一院选举人所需具备之资格。

第二款　任何一州在参议院的代表出现缺额时，该州行政当局应发布选举令，以填补此项缺额，但任何一州的议会应授权该州行政长官，在人民依该议会指示举行选举填补缺额以前，任命临时参议员。

第三款　对本条修正案的解释不得影响在本条修正案作为宪法的一部分生效以前当选的任何参议员的选举或任期。

第十八条修正案〔1919〕

第一款　本条批准一年后，禁止在合众国及其管辖下的一切领土内酿造、出售或运送作为饮料的致醉酒类；禁止此类酒类输入或输出合众国及其管辖下的一切领土。

第二款　国会和各州都有权以适当立法实施本条。

第三款　本条除非在国会将其提交各州之日起7年以内，由各州议会按本宪法规定批准为宪法修正案，不得发生效力。

第十九条修正案〔1920〕

第一款　合众国公民的选举权，不得因性别而被合众国或任何一州加以剥夺或限制。

第二款　国会有权以适当立法实施本条。

第二十条修正案〔1933〕

第一款　本条未获批准前，总统和副总统的任期在原定任期届满之年的1月20日正午结束，参议员和众议员的任期在本条未获批准前原定任期届满之年的1月3日正午结束，他们继任人的任期在同时开始。

第二款　国会应每年至少开会一次，除国会以法律另订日期外，此会议在 1 月 3 日正午开始。

第三款　如当选总统在规定总统任期开始的时间之前亡故，当选副总统应成为总统。如在规定总统任期开始的时间以前，总统尚未选出，或当选总统不合乎资格，则当选副总统应代理总统直到产生一名合乎资格的总统时为止。在当选总统和当选副总统都不合乎资格时，国会得以法律规定代理总统之人，或宣布选出代理总统的办法。此人应代理总统直到产生一名合乎资格的总统或副总统时为止。

第四款　国会应以法律对以下情况作出规定：在选举总统的权利转移到众议院时，可被该院选为总统的人中有人死亡；在选举副总统的权利转移到参议院时，可被该院选为副总统的人中有人死亡。

第五款　第一款和第二款应在本条批准以后的 10 月 15 日生效。

第六款　本条除非在其提交各州之日起 7 年以内，由 3/4 州议会批准为宪法修正案，不得发生效力。

第二十一条修正案〔1933〕

第一款　美利坚合众国宪法第十八条修正案现予废除。

第二款　在合众国任何州、准州或属地内，凡违反当地法律为在当地发货或使用而运送或输入致醉酒类，均予以禁止。

第三款　本条除非在国会将其提交各州之日起 7 年以内，由各州修宪会议依本宪法规定批准为宪法修正案，不得发生效力。

第二十二条修正案〔1951〕

第一款　无论何人，当选担任总统职务不得超过两次；无论何人，在他人当选总统任期内担任总统职务或代理总统两年以上，不得当选担任总统职务一次以上。但本条不适用于在国会提出本条时正在担任总统职务的任何人；也不妨碍在本条生效时正在担任总统职务或代理总统的任何人在一届任期结束前的时间里继续担任总统职务或代理总统。

第二款　本条除非在国会将其提交各州之日起 7 年以内，由3/4州议会批准为宪法修正案，不得发生效力。

第二十三条修正案〔1961〕

第一款　作为合众国政府所在地的特区，应依国会规定方式选派：一定数目的总统和副总统选举人，其数目等于把特区看作一个州时，它在国会中有权拥有的参议员和众议员人数的总和，但决不得超过人口最少之州的选举人人数。他们是在各州所选派的选举人以外增添的人，但为了选举总统和副总统的目的，应被视为一个州选派的选举人；他们在特区集会，履行第十二条修正案所规定的职责。

第二款　国会有权以适当立法实施本条。

第二十四条修正案〔1964〕

第一款　在总统或副总统，总统或副总统选举人或国会参议员或众议员的任何预选或其他选举中，合众国公民的选举权不得因未交纳人头税或其他税而被合众国或任何一州加以剥夺或限制。

第二款　国会有权以适当立法实施本条。

第二十五条修正案〔1967〕

第一款　如遇总统被免职、亡故或辞职，副总统应成为总统。

第二款　凡当副总统职位出缺时，总统应提名一名副总统，经国会两院都以过半数票批准后就职。

第三款　凡当总统向参议院临时议长和众议院议长提交书面声明，称他不能够履行其职务的权力和责任，直至他向他们提交一份内容与此相反的声明为止，其权力和责任应由副总统作为代理总统履行。

第四款　凡当副总统和行政各部主官的多数或国会通过法律设立的其他机构成员的多数，向参议院临时议长和众议院议长提交书面声明，称总统不能够履行总统职务的权力和责任时，副总统应立即作为代理总统承担总统职务的权力和责任。此后，当总统向参议院临时议长和众议院议长提交书面声明，称丧失能力的情况不存在时，他应恢复总统职务的权力和责任，除非副总统和行政各部主官的多数或国会通过法律设立的其他机构成员的多数在 4 天之内向参议院临时议长和众议院议长提交书面声明，称总统不能够履行总统职务的权力和责任。在这种情况下，国会应对此问题做出裁决，如在休会期间，应为此目的在 48 小时以内集会。如果国会在收到后一书面声明后的 21 天之内，或者如果国会因适逢休会而按照要求专门为此目的集会以后的 21 天之内，以两院 2/3 的票数决定总统不能够履行总统职务的权力和责任，则副总统应继续作为代理总统履行总统职务的权力和责任；否则总统应恢复总统职务的权力和责任。

第二十六条修正案〔1971〕

第一款　年满 18 岁或 18 岁以上的合众国公民的选举权，不得因为年龄而被合众国或任何一州加以剥夺或限制。

第二款　国会有权以适当立法实施本条。

第二十七条修正案

改变参议员和众议员服务报酬的法律，在众议员选举举行之前不得生效。

13. 联邦党人文集，第一篇 & 第二篇
（1787）

【在起草宪法至其得到批准的这段时间，《独立日报》和《纽约邮报》上刊登了名为《联邦党人文集》的八十五篇系列论文，并以此作为政府新型管理手段的解释和辩护。其中大多数文章由汉密尔顿所作，二十五篇出自麦迪逊（他的大部分作品都在宪法中得以体现），五篇来自杰伊。这是一部非同凡响的政论巨著，同时在支持新宪法的批准方面发挥了巨大作用。】

联邦党人文集　为《独立日报》撰写
第一篇　亚历山大·汉密尔顿

致纽约州人民：

对目前邦联政府的无能有了无可置疑的经验以后，要请你们为美利坚合众国慎重考虑一部新的宪法。这个问题本身就能说明它的重要性：因为它的后果涉及联邦的生存、联邦各组成部分的安全与

福利，以及一个在许多方面可以说是世界上最引人注意的帝国的命运。时常有人指出，似乎有下面的重要问题留待我国人民用他们的行为和范例来求得解决：人类社会是否真正能够通过深思熟虑和自由选择来建立一个良好的政府，还是他们永远注定要靠机遇和武力来决定他们的政治组织。如果这句话不无道理，那么我们也许可以理所当然地把我们所面临的紧要关头当作是应该做出这项决定的时刻。由此看来，假使我们选错自己将要扮演的角色，那就应当认为是全人类的不幸。

这个想法会在爱国心的动机之外又增加关怀人类的动机，以提高所有思虑周到的善良人士对这事件的关切心情。如果我们的选择取决于对我们真正利益的明智估计，而不受与公共利益无关的事实的迷惑和影响，那就万分幸运了。但这件事情与其说是可以认真预期，还不如说是只能热切希望而已。提供给我们审议的那个计划，要影响太多的私人利益，要改革太多的地方机构，因此在讨论中必然会涉及与计划的是非曲直无关的各种事物，并且激起对寻求真理不利的观点、情感和偏见。

在新宪法必然会碰到的最大障碍中，可以很容易地发现下列情况：每一州都有某一类的人，他们的明显利益在于反对一切变化，因为那些变化有可能减少他们在州政府中所任职位的权力、待遇和地位；另外还有一类人，他们出于不正常的野心，或者希望趁国家混乱的机会扩大自己的权力，或者认为，对他们来说在国家分为几个部分邦联政府的情况下，要比联合在一起有更多向上爬的机会。

然而，对于有这种性格的人，我并不打算详述我的意见。我清楚知道，不分青红皂白，随便将哪一路人的反对（仅仅因为他们所处地位会使他们可疑）都归结于利益或野心，不是实事求是的。天公地道，我们必须承认，即使那样的人也会为正当目的所驱使。毋庸置疑，对于已经表示或今后可能表示的反对，大多数的出发点即使不值得敬佩，至少也无可厚非，这是先入为主的嫉妒和恐惧所造成的正常的思想错误。使判断产生错误偏向的原因的确很多，并且也很有力量，以致我们往往可以看到聪明而善良的人们，在对待社会最重要的问题上既有站在正确的一边，也有站在错误的一边。这一情况如果处理得当，可以给那些在任何争论中非常自以为是的人提供一个遇事实行节制的教训。在这方面，还有一个值得注意的理由，是从以下考虑得来的：我们往往不能肯定，那些拥护真理的人在原理上受到的影响是否比他们的对立面更为纯洁。野心、贪婪、私仇、党派的对立，以及其他许多比这些更不值得称赞的动机，不仅容易对反对问题正确一面的人起作用，也容易对支持问题正确一面的人起作用。假使连这些实行节制的动机都不存在，那么再也没有比各种政党一向具有的不能容忍的精神更不明智了。因为在政治上，如同在宗教上一样，要想用火与剑迫使人们改变信仰，是同样荒谬的。两者的异端，很少能用迫害来消除。

然而，无论这些意见被认为是多么确凿有理，我们已有充分征兆可以预测，在这次讨论中，将会发生和以前讨论一切重大国家问题时相同的情况。愤怒和恶意的激情会像洪流似的奔放。从对立党派的行为判断，我们会得出这样的结论：他们会共同希望表明自己意见的正确性，而且用慷慨激昂的高声演说和尖酸刻薄的谩骂来增加皈依者的人数。明智而热情地支持政府的权能和效率，会被诬蔑为出于爱好专制权力，反对自由原则。对人民权利的威胁过于谨慎的防范——这通常是理智上的过错，而不是感情上的过错——却被说成只是托词和诡计，是牺牲公益沽名钓誉的陈腐钓饵。一方面，人们会忘记，妒忌通常伴随着爱情，自由的崇高热情容易受到狭隘的怀疑精神的影响。另一方面，人们同样会忘记，政府的力量是保障自由不可缺少的东西；要想正确而精明地判断，它们的利益是不可分的；危险的野心多半为热心于人民权利的漂亮外衣所掩盖，很少用热心拥护政府坚定而有效率的严峻面孔作掩护。历史会教导我们，前者比后者更加必然地导致专制道路；在推翻共和国特许权的那些人当中，大多数是以讨好人民开始发迹的，他们以蛊惑家开始，以专制者告终。

同胞们，在以上的论述中，我已注意到使你们对来自任何方面的用没有事实根据的印象来影响你们在极为迫切的福利问题上做出决定的一切企图，加以提防。毫无疑问，你们同时可以从我在以上论述的总的看法中发现，他们对新宪法并无敌意。是的，同胞们，我承认我对新宪法慎重考虑以后，明确认为你们接受它是有好处的。我相信，这是你们争取自由、尊严和幸福的最可靠的方法。我不必故作有所保留。当我已经决定以后，我不会用审慎的姿态来讨好你们。我向你们坦率承认我的信仰，而且直率地向你们申述这些信仰所根据的理由。我的意图是善良的，我不屑于含糊其词，可是对这个题目我不想多作表白。我的动机必须保留在我自己的内心里。我的论点将对所有的人公开，并由所有的人来判断。至少这些论点是按照无损于真理本意的精神提出的。

我打算在一系列的论文中讨论下列令人感兴趣的问题：联邦对你们政治繁荣的裨益，目前的邦联不足以维持联邦，为了维持一个至少需要同所建议的政府同样坚强有力的政府；新宪法与共和政体真正原则的一致，新宪法与你们的州宪法是相类似的，以及，通过新宪法对维持那种政府、对自由和财产的进一步保证。

在这次讨论过程中，我将要尽力给可能出现、并且可能引起你们注意的所有反对意见提出满意的答复。

也许有人认为，论证联邦的裨益是多余的，这个论点无疑地已为各州大部分人民铭记在心，可以设想，不致有人反对。但是事实上，我们已经听到在反对新宪法的私人圈子里的私下议论说：对任何一般性制度来说，十三个州的范围过于广阔，我们必须依靠把整体分为不同部分的独立邦联：这种说法很可能会逐渐传开，直到有足够的赞成者，同意公开承认为止。对于能够高瞻远瞩的人来说，再也没有比这一点更为明显了：要么接受新宪法，要么分裂联邦。因此首先分析联邦的裨益以及由于联邦分裂各州会暴露出来的必然弊病和可能的危险，是有用的。因此这点将成为我下一篇论文的题目。

联邦党人文集　为《独立日报》撰写
第二篇　约翰·杰伊

致纽约州人民：

当美国人民想到现在要请他们决定一个结果必然成为引起他们注意的最重要的问题时，他们采取全面而严肃的主张显然是适宜的。

再没有比政府的必不可少这件事情更加明确了；同样不可否认，一个政府无论在什么时候组织和怎样组织起来，人民为了授予它必要的权力，就必须把某些天赋权利转让给它。

因此，值得考虑的是，究竟哪种办法对美国人民更为有利：他们在一个联邦政府治下，对于总的目的说来，应当成为一个国家；还是分为几个独立的邦联，把全国政府的同样权力授予每个邦联的首脑。

直到最近，有这样一种公认的、毫无异议的意见：美国人民的幸福，有赖于他们持续不断地牢固团结，而我们最优秀、最聪明的公民们的希望、愿望和努力，也是经常朝着这个目标的。但是现在出现了一些政治家，他们坚持认为这个意见是错误的，还认为我们不要在联合中寻求安全和幸福，而应该把各州分为不同的联邦或独立国，在这种体制内寻求这些东西。这种新说法无论怎样离奇，但仍有人拥护；有些人从前对此非常反对，现在却也加入赞成者的行列了。不论使这些先生们的思想和言论产生这种变化的论据或动机是什么，一般人民在没有确信这些新的政见是以真理和正确的政策为基础时，就去接受它们，那肯定是不明智的。

我常常感到欣慰的是，我认识到独立的美国不是由分散和彼此远隔的领土组成，而是一个连成一片、辽阔肥沃的国家，是西方自由子孙的一部分。上帝特别赐给它各种土壤和物产，并且用无数河流为它灌溉，使它的居民能安居乐业。连接一起的通航河流，围绕边界形成一种链条，就像把这个国家捆绑起来一样。而世上最著名的几条河流，距离适当，为居民们提供友好帮助互相来往和交换各种商品的便利通道。

我同样高兴的是，我经常注意到，上帝乐于把这个连成一片的国家赐予一个团结的人民——这个人民是同一祖先的后裔，语言相同，宗教信仰相同，隶属于政府的同样原则，风俗习惯非常相似；他们用自己共同的计划、军队和努力，在一次长期的流血战争中并肩作战，光荣地建立了全体的自由和独立。

这个国家和这种人民似乎是互相形成的，这似乎是上帝的计划，就是说，对于被最坚韧的纽带联合在一起的同胞来说，这份非常合适和方便的遗产，决不应当分裂为许多互不交往、互相嫉妒和互不相容的独立国。

迄今，在各个阶层和各个派别的人们当中，仍然流传着同样的意见。总的说来，我们是一个和谐如一的民族，每个公民享有同样的国民权利、特权并且受到保护。作为一个国家，我们创造过和平，也打过仗；作为一个国家，我们消灭了共同的敌人；作为一个国家，我们同外国结成联盟，签订条约、合同和公约。

对于联合的价值和幸福所产生的强烈意识，很早就诱使人民去建立一个联邦政府来保持这种联合，并使之永远存在下去。他们建立这种政府差不多是在政治上刚刚存在的时候；不，是在居民们正被烈火燃烧的时候，是在许多同胞正在流血的时候，是战争和破坏正在进行、无暇在为自由人民组织明智而正常的政府以前必须进行冷静地探索和成熟地思考的时候。在如此不祥的时候组成的政府，在实践上发现许多缺陷不足以符合原定的目的，这是不足为奇的。

我们智慧的人民发觉这些缺陷，深感愧惜。由于对联合和自由依然有同样的爱好，所以他们认为立即会有威胁前者的危险，在遥远的时候就会威胁后者。由于相信只有在一个比较明智的组成的全国政府中才能为二者找到充分保证，所以他们一致同意召开最近的费城制宪会议，来考虑这个重要问题。

会议担负了这项艰巨的任务，参加的成员，都是取得人民信任的人物，很多人是在考验人们的意志和感情的时刻以爱国精神、品德和智慧而出名的。他们在平静的和平时期，头脑里不思考其他问题，几个月来，逐日进行连续不断的、冷静的协商。他们除了对国家的热爱，没有受到任何权力的威胁或任何感情的影响，最后把他们共同努力和全体一致同意而产生的方案提供给人民，并向人民推荐。

由于事实如此，所以要承认这个方案只是推荐，不是强加于人。然而也要记住，这既不是要盲目批准，也不是要盲目否定。而是要进行认真而坦率的考虑，这是这个问题的重要性的需要，而且应当得到这样的考虑。但是，对这个问题能够得到这样的考虑和研究

（如本文所指出的），与其说可以期待，不如说只能期望而已。前一次情况的经验告诉我们，对这种希望不能过于乐观。人们还没有忘记，由于充分理解到迫切的危险，美国人民才组成了著名的1774年的大陆会议。这个机构把一些措施介绍给选民，事实证明了他们的智慧。然而不久，报纸、小册子和各种周刊就群起反对这些措施，这种情况我们记忆犹新。不仅许多专为个人利益打算的政府官员，而且还有其他一些人或者出于对结果的错误估计，或者由于迷恋过去的不正当影响，或者由于其野心的目的不符合公共利益，他们都在不屈不挠地作出努力，说服人民反对这个爱国会议的建议。的确，有许多人受骗上当，但绝大多数人通情达理，而且做出了明智的决定。他们回想起自己这种做法是很高兴的。

他们考虑到，大陆会议是由许多明智和有经验的人组成的。这些人来自全国四面八方，带来了各种有用的情况，而且互相进行了交换。在他们一起研究和讨论本国的真正利益的那段时间内，他们必然会得到有关这个问题的非常准确的知识。他们每个人非常关心公众的自由和幸福，因此他们的爱好和责任同样会使他们经过深思熟虑以后，只推荐那些自己真正认为慎重而可取的措施。

这些和诸如此类的考虑，当时促使人民非常信任大陆会议的判断和诚实。尽管有人使用各种策略和手腕来阻止他们接受会议的建议。他们还是接受了。如果一般人民有理由信任参加大陆会议的人（其中完全经过考验或一般知名的人寥寥无几），那么他们现在有更多的理由来尊重这次制宪会议的判断和建议，因为大家知道，那次大陆会议的一些最著名的成员也是这次制宪会议的成员；他们经过了考验，并以自己的爱国精神和才干得到公认；他们的政治知识已臻成熟，他们把累积的知识和经验带到了这次会上。

值得注意的是，不仅是第一届大陆会议，而且以后的各届国会，以及最近的制宪会议，都和人民共同认为，美国的繁荣取决于自己的联合。保持全国的联合并使之永存，就是人民召开这次会议的伟大目的，也是会议建议人民接受这个草案的重大目的。因此，有些人在这个特别时期企图贬低联合的重要性，难道有什么正当理由和善意的目的吗？为什么有人提出三四个联邦要比一个好呢？我相信，在这个问题上人民的考虑一向是正确的，他们对联合事业普遍一致的向往，是有重大理由作为根据的，我将在以后的一些论文中对这些理由加以发挥和说明。那些主张用几个不同的联邦代替制宪会议草案的人，似乎清楚地预料到，否决这个草案会使联合继续处于极大的危险状态。事情必然如此，所以我真诚地希望，正如每个善良的公民清楚预料的那样，联合一旦瓦解，美国将有理由引用诗人的名言高呼："再见吧！永远再见吧！我的伟大的一切。"

14. 华盛顿第一次就职演说
（1789）

【在根据宪法所举行的第一次选举中，制定宪法的大会主席乔治·华盛顿，毫无异议地当选为美国第一任总统。1789 年 4 月 30 日，他的就职演说在坐落于纽约华尔街的联邦国家纪念堂发表。】

参议院和众议院的同胞们：

在人生沉浮中，没有一件事能比本月 14 日收到根据你们的命令送达的通知更使我焦虑不安，一方面，国家召唤我出任此职，对于她的召唤，我永远只能肃然起敬；而隐退是我以挚爱心情、满腔希望和坚定的决心选择的暮年归宿，由于爱好和习惯，且时光流逝，健康渐衰，时感体力不济，愈觉隐退之必要和可贵。另一方面，国家召唤我担负的责任如此重大和艰巨，足以使国内最有才智和经验的人度德量力，而我天资愚钝，又无民政管理的实践，理应倍觉自己能力之不足，因而必然感到难以肩此重任。怀着这种矛盾心情，我唯一敢断言的是，通过正确估计可能产生影响的各种情况来恪尽职责，乃是我忠贞不渝的努力目标。我唯一敢祈望的是，如果我在执行这项任务时因陶醉于往事，或因由衷感激公民们对我的高度信赖，因而受到过多影响，以致在处理从未经历过的大事时，忽视了自己的无能和消极，我的错误将会由于使我误入歧途的各种动机而减轻，而大家在评判错误的后果时，也会适当包涵产生这些动机的偏见。

既然这就是我在遵奉公众召唤就任现职时的感想，那么，在此宣誓就职之际，如不热忱地祈求全能的上帝就极其失当，因为上帝统治着宇宙，主宰着各国政府，它的神助能弥补人类的任何不足，愿上帝赐福，保佑一个为美国人民的自由和幸福而组成的政府，保佑它为这些基本目的而做出奉献，保佑政府的各项行政措施在我负责之下都能成功地发挥作用。我相信，在向公众利益和私人利益的伟大缔造者献上这份崇敬时，这些话也同样表达了各位和广大公民的心意。没有人能比美国人更坚定不移地承认和崇拜掌管人间事务的上帝。他们在迈向独立国家的进程中，似乎每走一步都有某种天佑的迹象。他们在刚刚完成的联邦政府体制的重大改革中，如果不是因虔诚的感恩而得到某种回报，如果不是谦卑地期待着过去有所预示的赐福的到来，那么，通过众多截然不同的集团的平静思考和自愿赞同来完成改革，这种方式是不能与大多数政府的组建方式同日而语的。在目前转折关头，我产生这些想法确实是深有所感而不能自已，我相信大家会和我怀有同感，即除了仰仗上帝的力量，一个新生的自由政府别无他法能一开始就事事顺利。

根据设立行政部门的条款，总统有责任"将他认为必要而妥善的措施提请国会审议"。但在目前与各位见面的这个场合，恕我不进一步讨论这个问题，而只提一下伟大的宪法，它使各位今天聚集一堂，它规定了各位的权限，指出了各位应该注意的目标。在这样的场合，更恰当、也更能反映我内心激情的做法是不提出具体措施，而是称颂将要规划和采纳这些措施的当选者的才能、正直和爱国心。我从这些高贵品格中看到了最可靠的保证：其一，任何地方偏见或地方感情，任何意见分歧或党派敌视，都不能使我们偏离全局观点和公平观点，即必须维护这个由不同地区和利益所组成的大联合；因此，其二，我国的政策将会以纯洁而坚定的个人道德原则为基础，而自由政府将会以此赢得民心和全世界尊敬的一切特点而显示其优越性。

我对国家的一片热爱之心激励着我满怀喜悦地展望这幅远景，因为根据自然界的构成和发展趋势，在美德与幸福之间，责任与利益之间，恪守诚实宽厚的政策与获得社会繁荣幸福的硕果之间，有着密不可分的统一；因为我们应该同样相信，上帝亲自规定了永恒的秩序和权利法则，它绝不可能对无视这些法则的国家慈祥地加以赞许；因为人们理所当然地、满怀深情地、也许是最后一次把维护神圣的自由之火和共和制政府的命运，系于美国人所遵命进行的实验上。

除了你们所关心的最初目标，宪法第五修正案的临时权力能行使到什么程度也将会是在你们的判断下所决定的。第五修正案被认为是在极力反对系统的阻碍或是给予他们生命的担忧程度的现实情况下的权宜之计。不是承担在这种目的下的特殊要求，我也不会在没有源于正式的机会之光下所被指引，在你们的监督和对公众幸福的追求下，我将会用全部自信给你们一个交代。我保证，我们同时会谨慎地避免每一个可能威胁到这个统一又有效率的政府利益的抉择，或是对未来的期待，对自由权力的崇敬，对公共和谐的尊重将充分地影响你们在此问题上的思考。前者能被坚定不移地加强多少或是后者安全地有利地被促进多少？

　　对于上述言论我还有一点需要补充，这最适合对众议院说。就我而言，当然是越简洁越好了。当我第一次被任命为国家总统，努力争取国家自由时，我就一直在思考我所必需的责任——我应该放弃每一份应得的报酬。出于这个决定，我发誓在任何情况下都不违背。在产生的这种影响下，我必须谢绝那些包括为立法机构所制定的条款不相干的任何份额。也因此相应地恳求，在我继续任职期间，我所制定的国家奖罚预算，应根据公众福利所要求的给予限制。

　　我已将有感于这一聚会场合的想法奉告各位，现在我就要向大家告辞。但在此以前，我要再一次以谦卑的心情祈求仁慈的上帝给予帮助。因为承蒙上帝的恩赐，美国人有了深思熟虑的机会，以及为确保联邦的安全和促进幸福，用前所未有的一致意见来决定政府体制的意向。因而，同样明显的是，上帝将保佑我们扩大眼界，心平气和地进行协商，并采取明智的措施，而这些都是本届政府取得成功所必不可少的依靠。

15. 与印第安六族的缔约

（1794）

【印第安部落联盟又可称之为易洛魁部落或六个族，其包括摩霍克部落、奥奈达族、奥农达加族、卡尤加族、塞内卡族和图斯卡罗拉族。这个条约于 1794 年 11 月 11 日完成。它确定了遗留的领土划分给一些部落，是那些曾经在独立战争中战斗过的部落。】

为了打消印第安人所有的抱怨，以及与他们建立一个稳定和永久的友谊，美国总统决定与印第安六族举行一次会议。基于此目的，蒂莫西·皮克林被授命为唯一的代理人。蒂莫西在一次会议上会见了六族的部落酋长与战士。现在，为了达成此次会议的目的，会议双方签署了以下由美国参议院建议并允许、也被美国总统批准的条款，此条款将对美国及印第安六族都有约束力。

条款 1

美国与印第安六个部落的和平与友谊在此坚定并永久地建立。

条款 2

美国承认那些遗留的土地属于奥奈达族、奥农达加族和卡尤加族。在与纽约州的各自协议中，其被称为印第安人的保留区，那将是他们的财产。任何一个美国人都不能以自我意志和乐趣对外宣称土地归己所有，也不能侵犯他们或其他三个部落，并且不能侵犯在当地居住的印第安友人或联合他们反抗六族。上述所说的保留区属于他们。除非他们选择将领土权卖给美国，这样美国才拥有购买权。

条款 3

塞内卡族的领土与接下来所述的地方毗邻：边界线从他们卖给了奥利弗·菲尔普斯土地的西北角的安大略湖开始，一直沿着湖水向西延伸，直至瓯永旺溪流在离尼亚加拉河大约 4 英里远的约翰逊码头。沿着瓯永旺溪流向南延伸至它的支流，直至流入施洛瑟边界贸易站上的尼亚加拉河的斯特德曼溪流的主分支，然后沿着支流向前，继续同样的河流直道延伸（这条边界线从瓯永旺溪流的河口到施洛瑟边界贸易站上的尼亚加拉河，是这部分土地的西边界线。就尼亚加拉河这一边界线延伸来说，在与威廉·约翰逊三十多年前签订的条约中，它也是塞内卡族割让给英国国王的土地的边界线）。接着，这条边界线沿着尼亚加拉河到达伊利湖。沿着伊利湖，直至一块三角地带的西北角。在 1792 年 3 月的第三天，美国将其最高统治权转让给宾夕法尼亚州。接着是那个州由南部到北部的边界线。然后从西到领土的东南角落被塞内卡族卖给了奥利弗·菲尔普斯。而北部及更北的地方属于菲尔普斯的边界线，从安大略湖开始。现在美国承认上述提及的所有土地均属于塞内卡族，美国永远不能企图以自我意志和乐趣对外宣称土地所有权归己所有，也不能侵犯塞内卡族及联盟内的其他所有成员，并且不能侵犯在当地居住的印第安友人或联合他们反抗六族。上述的所有土地均属于他们，直到他们选择将领土权卖给美国，这样美国才拥有购买权。

条款 4

因此，美国描述及承认属于奥奈达族、奥农达加族、卡尤加族和塞内卡族的领土。并且任何一个美国人永远不能企图以自我意志和乐趣对外宣称土地所有权归己，也不能侵犯他们或其他三个部落，并且不能侵犯在当地居住的印第安友人或联合他们反抗六族。现在，印第安六族的每个成员也不能企图以自我意志和乐趣，去侵占其他土地的所有权，包括美国的边境在内。

条款 5

塞内卡族与其他五族一致同意将施洛瑟堡到伊利湖，直至水牛湾的货车马路的所有权割让给美国。所有美国人都可以以自我意志并且没有任何打扰地使用这条马路，不管是为了旅行还是交通运输。印第安部落联盟的每个成员，将永远允诺每一个美国人拥有一张他们领土的自由通行证，当印第安人的安全得到保障时，为了确保船只安全通过及货船自由着陆，美国人可以自由使用印第安人的海港及毗邻的河流，并包括他们各自的领土地带。

条款 6

鉴于在此建立的和平与友谊以及六族间讨论得出的约定。出于美国人性化且好意的愿望，还有他们足够的支持，才使得在此建立的和平与友谊长久而坚定。现在，美国答应交付给六族以及其他在那居住或与他们相关的印第安居民大量商品和一万美元。直至此时，在 1792 年 4 月 23 日，根据美国总统修改的条约，出于同一目的——增加六族人民以及之前提到的他们朋友未来的幸福感，美国将会将补贴在 3000 美元的总数上再增加 1500 美元，总计 4500 美元。这些钱每年将会用在置办的衣物、驯养的宠物、耕种的器具或其他他们需要的工具上，还会用在支付给工人应得的工钱上，那些与他们居住在一起或住在附近的有技艺的工人。由美国总统指定的负责人所制定的每年总津贴的条约即可生效。

条款 7

美国和六族都一致认为：唯恐这坚定的和平和友谊会被私人恩怨所干扰，也就是那些双方私人所做出的伤害，希望没有私人仇恨或其他发生。但是无论怎样，利益受到损害的一方总会对另一方产生抱怨：可能是六族联盟或任何一个其中的成员，也可能是美国总统或是他指派的负责人，对六族联盟或是有罪犯的一族原则性的主旨和那些有必要去追寻的捍卫我们和平和友谊不被破坏的谨慎方法。直到美国的立法机构（或是大会议）为了此目的制定了公平的条约。

注解：会议双方都已十分了解此条约内容了，在条款 6 中所规定的年金支付义务将会为了六族和前面所提及的他们的印第安朋友以及住在美国边境的居民的利益所履行，并且美国将永远不会打扰那些无论是居住在何处的印第安民族、部落或家庭。

16. 华盛顿告别演说

（1796）

【"我们重新选举一位公民来主持美国政府的行政工作，已为期不远。此时此刻，大家必须运用思想来考虑这一重任付托给谁。因此，我觉得我现在应当向大家声明，尤其因为这样做有助于使公众意见获得更为明确的表达，那就是我已下定决心，谢绝将我列为候选人。"】

关于我最初负起这个艰巨职责时的感想，我已经在适当的场合说过了。现在辞掉这一职责时，我要说的仅仅是，我已诚心诚意地为这个政府的组织和行政，贡献了我这个判断力不足的人的最大力量。就任之初，我并非不知我的能力薄弱，而且我自己的经历更使我缺乏自信，这在别人看来，恐怕更是如此。年事日增，使我越来越认为，退休是必要的，而且是会受欢迎的。我确信，如果有任何情况促使我的服务具有特别价值，那种情况也只是暂时的。所以我相信，按照我的选择并经慎重考虑，我应当退出政坛，而且，爱国心也容许我这样做，这是我引以为慰的。

讲到这里，我似乎应当结束讲话。但我对你们幸福的关切，虽于九泉之下也难以割舍。由于关切，自然对威胁你们幸福的危险忧心忡忡。这种心情，促使我在今天这样的场合，提出一些看法供你们严肃思考，并建议你们经常重温。这是我深思熟虑和仔细观察的结论，而且在我看来，对整个民族的永久幸福有着十分重要的意义。

你们的心弦与自由息息相关，因此用不着我来增强或坚定你们对自由的热爱。

政府的统一，使大家结成一个民族，现在这种统一也为你们所珍视。这是理所当然的，因为你们真正的独立，仿佛一座大厦，而政府的统一，乃是这座大厦的主要柱石：它支持你们国内的安定，国外的和平；支持你们的安全，你们的繁荣，以及你们如此重视的真正自由。然而不难预见，曾有某些力量试图削弱大家心里对于这种真理的信念，这些力量的起因不一，来源各异，但均将煞费苦心，千方百计地产生作用。其所以如此，乃因统一是你们政治堡垒中一个重点，内外敌人的炮火，会最持续不断地和加紧地（虽然常是秘密地与阴险地）进行轰击。因此，最重要的乃是大家应当正确估计这个民族团结对于集体和个人幸福所具有的重大价值；大家应当对它抱着诚挚的、经常的和坚定不移的忠心；你们在思想和言语中要习惯于把它当作大家政治安全和繁荣的保障；要小心翼翼地守护它。如果有人提到这种信念在某种情况下可以抛弃，即使那只是猜想，也不应当表示支持。如果有人企图使我国的一部分脱离其余部分，或想削弱现在联系各部分的神经纽带，在其最初出现时，就应当严加指责。

对于此点，你们有种种理由加以同情和关怀。既然你们因出生或归化而成为同一国家的公民，这个国家就有权集中你们的情感。美国人这个名称来自你们的国民身份，它是属于你们的；这个名号，一定会经常提高你们爱国的光荣感，远胜任何地方性的名称。在你们之间，除了极细微的差别外，有相同的宗教、礼仪、习俗与政治原则。你们曾为同一目标而共同奋斗，并且共同获得胜利。你们所得到的独立和自由，乃是你们群策群力，同甘苦、共患难的成果。

尽管这些理由是多么强烈地激发了你们的感情，但终究远不及那些对你们有更直接利害关系的理由。全国各地都可以看到强烈的愿望，要求精心维护和保持联邦制。

北方在与受同一政府的平等法律保护的南方自由交往中，发现南方的产品为航海业和商业提供了极其丰富的资源，为制造业提供了十分宝贵的原料。与此相同，南方在与北方交往时，也从北方所起的作用中获益不浅，农业得到了发展，商业得到了扩大。南方将部分北方海员转入自己的航道，使南方的航运业兴旺了起来。尽管南方在各方面都对全国航运业的繁荣和发展有所贡献，但它期望得到海上力量的保护，目前它的海上力量相对说来太薄弱了。东部在与西部进行类似的交往中，发现西部是东部自国外输入商品和在国内制造的商品的重要信道，而这个信道将随着内地水陆交通的不断改善而日趋重要。西部则从东部得到发展和改善生活所必不可少的物资供应；也许更重要的是，西部要确保其产品出口的必要渠道，必须靠联邦的大西洋一侧的势力、影响和未来的海上力量，而这需要把西部看成一个国家，有着不可分割的利害关系。西部如要靠其他任何方式来保护这种重要的优越地位，无论是单靠自己一方的力量，或是靠与外国建立背叛原则和不正常的关系，从本质上来看都是不牢靠的。

由此可见，我国各部分都从联合一致中感觉到直接的和特殊的好处，而把所有各部分联合在一起，人们会从手段和力量之大规模结合中，找到更大力量和更多资源，在抵御外患方面将相应地更为安全，而外国对它们和平的破坏也会减少。具有无可估量的价值的是，联合一致必然会防止它们自身之间发生战争。这种战争不断地折磨着相互邻接的国家，因为没有统一的政府把它们连成一气。这种战事，仅由于它们彼此之间的互相竞争，即可发生，如果与外国有同盟、依附和阴谋串通的关系，则更会进一步激发和加剧这种对抗。因此，同样地，它们可以避免过分发展军事力量，这种军事力量，在任何形式的政府之下，都是对自由不利的，而对共和国的自由，则应视为尤具敬意。就这个意义而言，应把你们的联合一致看作是你们自由的支柱，如果你们珍惜其中一个，也就应当保存另一个。

你们是否怀疑一个共同的政府能够管辖这么大的范围？把这个问题留待经验来解决吧。对付这样一个问题单纯听信猜测是错误的。在这种情况下，非常值得进行一次公平和全面的实验。要求全国各地组成联邦的愿望是如此强烈和明显，因此，在实践尚未表明联邦制行不通时，试图在任何方面削弱联邦纽带的人，我们总是有理由怀疑他们的爱国心的。

在研究那些可能扰乱我们联邦的种种原因时，使人想到一件至关重要的事，那就是以地域差别——北方与南方、大西洋与西部——为根据来建立各种党派；因为那些心怀不轨的人可能力图借此造成一种信念，以为地方间真的存在着利益和观点的差异。一个党派想在某些地区赢得影响力而采取的策略之一，是歪曲其他地区的观点和目标。这种歪曲引起的妒忌和不满，是防不胜防的，使那些本应亲如兄弟的人变得互不相容。

为了使你们的联合保持效力和持久，一个代表全体的政府是不可少的。各地区结成联盟，不论怎样严密，都不能充分代替这样的政府。这种联盟一定会经历古往今来所有联盟的遭遇，即背约和中断。由于明白这个重要的事实，所以大家把最初的文件加以改进，通过了一部胜过从前的政府宪法，以期密切联合，更有效地管理大家的共同事务。这个政府，是我们自己选择的，不曾受人影响，不曾受人威胁，是经过全盘研究和缜密考虑而建立的，它的原则和它的权力的分配，是完全自由的，它把安全和力量结合起来，而其本身则包含着修正其自身的规定。这样一个政府有充分理由要求你们的信任和支持。尊重它的权力，服从它的法律，遵守它的措施，这些都是真正自由的基本准则所构成的义务。我们政府体制的基础，乃是人民有权制定和变更他们政府的宪法。

可是宪法在经全民采取明确和正式的行动加以修改以前，任何人对之都负有神圣的义务。人民有建立政府的权力与权利，这一观念乃是以每人有责任服从所建立的政府为前提的。

要保存你们的政府，要永久维持你们现在的幸福状态，你们不仅不应支持那些不时发生的跟公认的政府权力相敌对的行为，而且对那种要改革政府原则的风气，即使其借口看似有理，亦应予以谨慎的抵制。他们进攻的方法之一，可能是采取改变宪法的形式，以损害这种体制的活力，从而把不能直接推翻的东西，暗中加以破坏。在你们可能被邀参与的所有变革中，你们应当记住，要确定政府的真正性质，正如确定人类其他体制一样，时间和习惯至少是同样重要的。应当记住，要检验一国现存政体的真正趋势，经验是最可靠的标准，应当记住，仅凭假设和意见便轻易变更，将因假设和意见之无穷变化而招致无穷的变更，还要特别记住，在我们这样辽阔的国度里，要想有效地管理大家的共同利益，一个活力充沛的、并且能充分保障自由的政府是必不可少的。在这样一个权力得到适当分配和调节的政府里，自由本身将会从中找到它最可靠的保护者。如果一个政府力量过弱，经不住朋党派系之争，不能使社会每一分子守法，和能维持全体人民安全而平静地享受其人身和财产权利，那么，这个政府只是徒有虚名而已。

我已经提醒你们，在美国存在着党派分立的危险，并特别提到按地域差别来分立党派的危险。现在让我从更全面的角度，以最严肃的态度概略地告诫你们警惕党派思想的恶劣影响。

不幸的是，这种思想与我们的本性是不可分割的，并扎根于人类脑海里最强烈的欲望之中。它以各种不同的形式存在于所有政府机构里，尽管多少受到抑制、控制或约束。但那些常见的党派思想的形式，往往是最令人讨厌的，并且确实是政府最危险的敌人。

它往往干扰公众会议的进行，并削弱行政管理能力。它在民众中引起无根据的猜忌和莫须有的惊恐；挑拨派系对立；有时还引起骚动和叛乱。它为外国影响和腐蚀打开方便之门。外国影响和腐蚀可以轻易地通过派系倾向的渠道深入到政府机构中来。这样，一个国家的政策和意志就会受到另一个国家政策和意志的影响。

有一种意见，认为自由国家中的政党，是对政府施政的有效牵制，有助于发扬自由精神。在某种限度内，这大概是对的；在君主制的政府下，人民基于爱国心，对于政党精神即使不加袒护，亦会颇为宽容。但在民主性质的纯属选任的政府下，这种精神是不应予以鼓励的。从其自然趋势看来，可以肯定，在每一种有益的目标上，总是不乏这种精神的。但这种精神常有趋于过度的危险，因此应当用舆论的力量使之减轻及缓和。它是一团火，我们不要熄灭它，但要一直警惕，以防它火焰大发，变成不是供人取暖的，而是贻害于人的。

还有一项同样重要的事，就是一个自由国家的思想习惯，应当做到使那些负责行政的人保持警惕，把各自的权力局限于宪法规定的范围内，在行使一个部门的权力时，应避免侵犯另一个部门的权限。这种越权精神倾向于把所有各部门的权力集中于某一部门，因而造成一种真正的专制主义，姑不论其政府的形式如何。

如果民意认为，宪法上的权限之分配或修改，在某方面是不对的，我们应当照宪法所规定的办法予以修改。但我们不可用篡权的方式予以更改；因为这种方法，可能在某一件事上是有效的手段，但自由政府也常会被这种手段毁灭。所以使用这种方法，有时虽然可以得到局部的或一时的好处，但此例一开，一定抵不过它所引起的永久性危害的。

在导致昌明政治的各种精神意识和风俗习惯中，宗教和道德是不可缺少的支柱。一个竭力破坏人类幸福的伟大支柱——人类与公民职责的最坚强支柱——的人，却妄想别人赞他爱国，必然是白费心机的。政治家应当同虔诚的人一样，尊敬和爱护宗教与道德。宗教与道德同个人福利以及公共福利的关系，即使写一本书也说不完。我们只要简单地问，如果宗教责任感不存在于法院赖以调查事件的宣誓中，那么，哪能谈得上财产、名誉和生命的安全呢？而且我们也不可耽于幻想，以为道德可不靠宗教而维持下去。高尚的教育，对于特殊构造的心灵，尽管可能有所影响，但根据理智和经验，不容许我们期望，在排除宗教原则的情况下，道德观念仍能普遍存在。

有一句话大体上是不错的，那就是：道德是民意所归的政府所必需的原动力。这条准则可或多或少地适用于每一种类型的自由政府。凡是自由政府的忠实朋友，对于足以动摇它组织基础的企图，谁能熟视无睹呢？因此，请大家把普遍传播知识的机构当作最重要的目标来加以充实提高。政府组织给舆论以力量，舆论也应相应地表现得更有见地，这是很重要的。

我们应当珍视国家的财力，因为这是力量和安全的极为重要的泉源。保存财力的办法之一是尽量少动用它，并维护和平以避免意外开支。但也要记住，为了防患于未然而及时拨款，往往可以避免支付更大的款项来消弭灾祸。同样，我们要避免债台高筑，为此，不仅要节约开支，而且在和平时期还要尽力去偿还不可避免的战争所带来的债务，不要将我们自己应该承受的负担无情地留给后代。

我们要对所有国家遵守信约和正义，同所有国家促进和平与和睦。宗教和道德要求我们这样做。难道明智的政策不一样要求这样做吗？如果我们能够成为一个总是遵奉崇高的正义和仁爱精神的民族，为人类树立高尚而崭新的典范，那我们便不愧为一个自由的、开明的，而且会在不久的将来变得伟大的国家。如果我们始终如一地坚持这种方针，可能会损失一些暂时的利益，但是谁会怀疑，随着时间的推移和事物的变迁，收获将远远超过损失呢？难道苍天没有将一个民族的永久幸福和它的品德联系在一起吗？至少，每一种使人性变得崇高的情操都甘愿接受这种考验的。万一考验失败，这是否由人的恶行造成的呢？

在实行这种方针时，最要紧的，乃是不要对某些国家抱着永久而固执的厌恶心理，而对另一些国家则热爱不已；应当对所有国家都培养公正而友善的感情。一个国家，如果习于对其他国家恶此喜彼，这个国家便会在某种程度上沦为奴隶；或为敌意的奴隶，或为友情的奴隶，随便哪一种都足以将它引离自己的责任和自己的利益。一国对于另一国心存厌恶，两国便更易于彼此侮辱和互相伤害，更易于因小故而记恨，并且在发生偶然或细琐的争执时，也易于变得骄狂不羁和难以理喻。

一国对他国怀着热烈的喜爱，也一样能产生种种弊端。由于对所喜爱的国家抱有同情，遂幻想彼此有共同的利益，实则所谓共同利益仅是想象的，而非真实的；再者，把他国的仇恨也灌注给自己，结果当他国与别国发生争执或战争，自己也会在没有充分原因和理由的情况下陷身其中。此外，还会把不给予他国的特权给予所喜爱的国家。于是，这个做出让步的国家，便会蒙受双重损害，一是无端损失本身应当保留的利益，一是激起未曾得到这种利益的国家的嫉妒、恶感和报复心理；这给那些有野心的、腐化的或受蒙蔽的公民（他们投靠自己所喜爱的国家）提供了方便，使他们在背叛或牺牲自己国家的利益时不但不遭人憎恨，有时甚至还受到欢迎，并把由于野心、腐化或糊涂而卑鄙愚蠢地屈服的人粉饰成有正直的责任感、顺乎民意或是热心公益而值得赞扬的人。

一个自由民族应当经常警觉，提防外国势力的阴谋诡计（同胞们，我恳求你们相信我），因为历史和经验证明，外国势力乃是共和政府最致命的敌人之一。不过这种提防，要想做到有效，必须不偏不倚，否则会成为我们所要摆脱的势力的工具，而不是抵御那种势力的工事。对某国过度偏爱，对另外一个过度偏恶，会使受到这种影响的国家只看到一方面的危险，却掩盖甚至纵容另一方所施的诡计。当我们所喜欢的那个国家的爪牙和受他们蒙蔽的人，利用人民的赞赏和信任，诱骗人民放弃本身的利益时，那些可能抵制该国诡计的真正爱国志士，反而极易成为怀疑与憎恶的对象。

我们处理外国事务的最重要原则，就是在与它们发展商务关系时，尽量避免涉及政治。我们已订的条约，必须忠实履行。但以此为限，不再增加。

欧洲有一套基本利益，它对于我们毫无或甚少关系。欧洲经常发生争执，其原因基本上与我们毫不相干。所以，如果我们卷进欧洲事务，与他们的政治兴衰人为地联系在一起，或与他们友好而结成同盟，或与他们敌对而发生冲突，都是不明智的。

我国独处一方，远离他国，这种地理位置允许并促使我们奉行一条不同的政策路线。如果我们在一个称职的政府领导下保持团结，在不久的将来，我们就可以不怕外来干扰造成的物质破坏；我们就可以采取一种姿态，使我们在任何时候决心保持中立时，都可得到他国严正的尊重；好战国家不能从我们这里获得好处时，也不敢轻易冒险向我们挑战；我们可以在正义的指引下依照自己的利益，在和战问题上做出抉择。

我们为什么要摒弃这种特殊环境带来的优越条件呢？为什么要放弃我们自己的立场而站到外国的立场上去呢？为什么要把我们的命运同欧洲任何一部分的命运交织一起，以致把我们的和平与繁荣，陷入欧洲的野心、竞争、利益关系、古怪念头，或反复无常的罗网之中呢？

我们真正的政策，乃是避免同任何外国订立永久的同盟，我的意思是我们现在可自由处理这种问题。但请不要误会，以为我赞成不履行现有的条约。我认为，诚实是最好的政策，这句格言不仅适用于私事，亦通用于公务。所以我再重复说一句，那些条约应按其原意加以履行。但我觉得延长那些条约是不必要，也是不明智的。

我们应当经常警惕，建立适量的军队以保持可观的防御姿态，这样，在非常紧急时期中，我们才可以安全地依靠暂时性的同盟。

无论就政策而言，就人道而言，就利害而言，我们都应当跟一切国家保持和睦相处与自由来往。我们的商业政策也应当采取平等和公平的立易，既不向他国要求特权或特惠，亦不给予他国以特权或特惠；一切要顺事物之自然而行；要用温和的手段扩展商业途径并作多种经营，绝不强求；与有此意向的国家订立有关交往的习用条例，使贸易有稳定的方向，我国商人的权利得以明确，政府对他们的扶助得以实现，这种条例应为现时情势和彼此意见所容许的最合理的条例，但也只是暂时的，得根据经验与情势随时予以废弃或改变；须时时谨记，一国向他国索求无私的恩惠是愚蠢的；要记住，为了得到这种性质的恩惠，它必须付出它的一部分独立为代价；要记住，接受此类恩惠，会使本身处于这样的境地：自己已为那微小的恩惠付出同等的代价，但仍被谴责为忘恩负义，认为付出得不够。期待或指望国与国之间有真正的恩惠，实乃最严重的错误。这是一种幻想，而经验必可将其治愈，正直的自尊心必然会将其摒弃。

虽然在检讨本人任期内施政时，我未发觉有故意的错误，但是我很清楚我的缺点，并不以为我没有犯过很多错误。不管这些错误是什么，我恳切地祈求上帝免除或减轻这些错误所可能产生的恶果。而且我也将怀着一种希望，愿我的国家永远宽恕这些错误。我秉持正直的热忱，献身为国家服务，已经 45 年，希望我因为能力薄弱而犯的过失，会随着我不久以后长眠地下而湮没无闻。

我在这方面和在其他方面一样，均须仰赖祖国的仁慈，我热爱祖国，并受到爱国之情的激励，这种感情，对于一个视祖国为自己及历代祖先的故土的人来说，是很自然的。因此，我以欢欣的期待心情，指望在我切盼实现的退休之后，我将与我的同胞们愉快地分享自由政府治下完善的法律的温暖——这是我一直衷心向往的目标，并且我相信，这也是我们相互关怀、共同努力和赴汤蹈火的优厚报酬。

17. 美法条约（购买路易斯安那州）（1803）

【在 1795 年签订的条约中，西班牙允许美国拥有新奥尔良州或者相等的密西西比河上的港口的使用权。但在 1802 年时，西班牙违背此条约，关闭了密西西比河上的港口并把路易斯安那州割让给法国。美国意识到了来自法国的威胁，因为法国拥有天时地利的天然港口，而此地占据了美国本国领土的一大部分，所以美国拨出 200 万美元购买新奥尔良州。利文斯顿和门罗与拿破仑签订了购买路易斯安那州的条约，在此条约中，美国用 1500 万美元购买了整个路易斯安那州，于 1805 年 10 月 20 日获得拥有权。】

1803 年 4 月 30 日，关于割让路易斯安那州的条款在巴黎签订。1803 年 10 月 21 日，获得总统的批准，而后批准案在华盛顿递交。当日，公布了条约。

以法国人民的名义，美利坚合众国总统与法兰西共和国第一执政均希望改变所有的不愉快关系，为了在葡萄月第 8 天召开的大会中所涉及的目的。鉴于 1795 年 10 月 27 日，在马德里签订的条约中，美国声称的权力关系，天主教教主和美国双方分别代表了各自全体大臣的名义，在所说的大会中均希望加强彼此之间的联盟与友谊得到重建：美利坚合众国总统在参议院院长、美国全权公使罗伯特·R. 利文斯顿和所提及州的全权公使、特派公使詹姆斯·门罗的建议与支持下同法兰西共和国政府交涉。法兰西共和国第一执政在分别得到了法国人民、弗朗西斯·巴比·马博斯侯爵、政府金库主席所有权力后，以他们的名义同美国签订了以下条款：

条款 1

葡萄月第 90 天，法兰西共和国第一执政与天主教教主在伊尔德丰索街签订了该条款的第三章内容，此条款同时得到下列人员的批准：天主教教主单方面同意将领土割让给法兰西共和国。对于路易斯安那殖民州或省的所有权，在六个月完完全全地执行了与他的殿下帕尔马公爵相关的情况和条款后，现在西班牙拥有相同程度的、曾经属于法国的权力。在签订此条约后。所有权完全属于西班牙及其他州。然而根据此条约，特别是第三章内容，法兰西共和国拥有无可置疑的此领域及所提及领土的所有权：法国第一执政为了向美国表示她强烈的友好，以法兰西共和国人民的名义，永远地、完全地将主权割让给所说的美国。所提及土地的所有权力及附属物完全像法国曾经所有的一模一样。

条款 2

前面条款中所说的割让包括属于路易斯安那州的毗邻岛屿、所有公共建筑物、防御工事、营房以及其他不是私有财产的大建筑物。

与路易斯安那州领土、主权有关的所有文件都将给予美国代表。以及所有的复印件随后都将给予地方文员和市政官员、类似所涉及的可能对他们有必要的文件。

条款 3

所割让土地上的居民将会合并成一个美国的联盟，并将尽可能快地被承认。根据联邦宪法的原则，他们将享有美国公民所有权利、利益以及豁免权。同时，他们将会被供养和保护，在自由、财产以及所信仰的宗教下毫不被干涉。

条款 4

这将会被法国政府的一个代表给予路易斯安那州。

条款 5

在美国总统批准本条约后，立即由法国第一执政预先获知。法兰西共和国的委员须将新奥尔良的所有军事和割让领土的其他部分交由全权公使或由美国总统任代表。从美国开始持有所有权开始，无论是法国还是西班牙的军队都应当停止占领任何军事港口，并且越快越好，最好在此条约批准后的三个月内。

条款 6

实际上此条约相互有利于法国和美国之间的贸易，并且在有限的时间内促进两国关于割让土地条约的沟通。直到缔约双方之间可能同意一些有关于两国商务的寻常安排，那些直接从法国或它的殖民地来的法国船只，只能装载法国或者它的殖民地生产和制造的货物。直接从西班牙或它的殖民地来的西班牙船只，只能装载西班牙或它的殖民地生产和制造的货物。未来十二年的时间里，这些船只在新奥尔良港和其他所有法律上割让领土的入境口岸通行应当被承认。同样的，此约定适用于直接来自法国和西班牙及他们任何殖民地的美国船只。而商品不会再产生任何其他或更高的关税，也不会比其他任何美国公民支付的关税多或得到的吨位重。

在上面所提及的时间范围内，其他任何国家不得在割让的领土的港口上拥有同样特权。如果此条约在法国签订，或者签订后通知法国巴黎政府已有三个月，那么这个十二年应当从彼此交换批准书的三个月后开始计算。如果此条约在美国签订，那么上述文章的目的是支持法国和西班牙的制造业、商业、货运和航海就很好理解了。也就是说法国和西班牙的输入应从上述所说的美国港口进入，没有任何可能影响美国有关生产和商品的出口法规，或任何他们不得不做出这样的规定的可能。

条款 7

将来，十二年期满后，法国的船只能在上述所说的最有特权的国家的港口上行驶。

条款 8

在各自部长签署了此项特殊条约这一天。由于为了给美国公民提供债务支付的目的，在 1800 年 9 月 30 日前（葡萄月 8 日和 9 日）被法兰西共和国批准。并执行于相同的形式，好像被新插入于此条约中。并应当以同一形式和在同一时间被批准，这样新加入的内容就类似于此条约而被批准。

在同一日期的另一个特殊大会上，正如此项条约一样，缔约公约双方签署的另一个有关于明确规则的条约以类似的方式批准，并将在同一时间以相同的形式批准，且结合在一起。

条款 9

本条约应将被正式批准，批准书应在全权代表的部长签署后的 6 个月时间内进行交换，或越早越好。

以信仰起誓，各自代表分别用法文和英文签署了此条约。不过声明，本条约最初以法语签署，并且粘上他们的封条。

于法兰西共和国第一十年花月第十日在巴黎签署，1803 年 4 月 30 日［花月（Floréal，法语），法国共和历的 8 月，一年中的第八个月，公历 4 月 20 日到 5 月 19 日］。

罗伯特·R. 利文斯顿【盖章】

詹姆斯·门罗【盖章】

F. 巴比·马博斯【盖章】

18. 美西条约（获得佛罗里达州）
（1819）

【对于南方各州来说，佛罗里达州在西班牙的手里是许多烦恼的来源。逃亡的奴隶在那里避难、大部分白种人都是无法无天的性格、塞米诺族印第安人经常入侵格鲁吉亚。在美国强行入侵并占有一部分领土后，西班牙根据 1819 年条约将土地割让给美国。】

美国和天主教之间关于友好、殖民和界限的条约，于 1819 年 2 月 22 日在华盛顿由参议院提出议案。1819 年 2 月 24 日，由美国总统批准。1820 年 10 月 24 日，由西班牙国王批准。1821 年 2 月 19 日，由参议院再次提出修正案。1821 年 2 月 22 日由美国总统批准。于同日在华盛顿与西班牙交换了修正案。且随后对外公布。

美利坚合众国和天主教希望彼此间的关系建立在永久性的基础上并得以巩固。友谊和良好的通信来往对双方交往有好处，这将在解决和终止所有的分歧与不满上起到决定作用。此条约应准确地指出：他们各自在北美地区接壤领土的界限。

正因有了此目的，美国总统拥有完全的权力。美国国务卿约翰·昆西·亚当斯和天主教陛下任命最优秀的首领路易斯·德·欧尼斯、冈萨雷斯、洛佩兹·瓦拉、小镇的首领莱雅西斯、萨拉曼卡市市政当局终身行政长官、天主教徒伊莎贝拉；西班牙规定佩戴着贵族勋章的著名西班牙皇家十字骑士和皇家秩序最高议会、天主教委员会成员查尔斯三世出席。并且全权公使的秘书在美利坚合众国行使法令和他非凡的使命。

在交换了他们的权力后，上述的全权公使同意达成协议，并得出以下条款：

条款 1

在美国及其公民与天主教之间应当存在坚定而不可侵犯的和平和真诚的友谊，包括他的继任者和国民在内，无一例外的人或地方。

条款 2

天主教陛下将位于密西西比河东部的，以东、西佛罗里达著称的领土割让给美国，包括领土的全部财产和主权及所有附属的领土。隶属于佛罗里达州的相邻岛屿、所有公共土地和广场、闲置土地、公共建筑、防御工事、军营和其他建筑均不是私有的。此条约包含所有直接涉及的财产和省份的主权。上述所说的档案和文件应交付给美国的代表或官员，并正式授权给他们。

条款 3

密西西比河以西的两国边界线应当始于色宾河口的墨西哥湾，在海里往北，沿着色宾河西岸，到达北纬 32 度的地方。从这里界线继续北行，止于路易斯安那州的里约热内卢或红河谷纬度的位置。经过里约热内卢后继续向西前行，到达从伦敦西经 100 度到华盛顿西经 23 度。然后穿过上述所说的红河谷，并从此处沿着北走，到达阿肯色河。在这里，在沿着阿肯色河南岸的过程中，它的源头在北纬 42 度的地方。与此处平行纬度的地方是南海。1818 年 1 月在费城发表的地图，是改进后第一次在梅里斯地图中将整个州划分给美国。但如果阿肯色河的源头在南纬或者北纬 42 度的地方，那么这条界限线就从所说的南纬或者北纬的源头开始。随着河流，直到平行纬度 42 度。在这里，沿着上述所说的平行纬度就到了南海：色宾河上的所有的岛屿以及上述所说的红河谷和阿肯色河，整个描述的流域均属于美国。但水的使用、色滨河通往大海的航运和上述所说的洛克斯河以及阿肯色河，均在所说的边界范围之内。而在所有河流的两岸，应当让两国各自的居民共同居住。

对于上述所说的领土，缔约双方同意割让领土以及宣布放弃所有权利、索赔和主张。也就是说：美国特此对天主教陛下宣布，永远放弃上述地区的西部和南部的所有权利、索赔和主张。并且同样的，天主教殿下将上述地区的东部和北部的所有权利、索赔和主张割让给美国。对于他自己以及他的继承者都将永远放弃所有的领土。

条款 4

为了更精确地修改此条款内容和放置指示两国界限的地标，缔约双方将各指定一名专员和一名公证员，在红河谷上的路易斯安那州签订的条约修正案，一年期满之日前召开会议。商讨继续运行和标记上述所说的界线，从色宾河河口到红河谷，从红河谷到阿肯色河，并确定上述所说的阿肯色河源头的纬度。从纬度线 42 度直到南海：依照以上约定和规定，他们应计划并保存程序的议事录，并将商定的结果视为该条约的一部分，且如同包含在条约中一样具有同等效力。两国政府将达成协议，提供给那些人必要的文章，并派人护送。这是有必要的。

条款 5

在没有任何限制的情况下，割让的领土上的居民应当获得自由信仰宗教的权力。那些希望废除西班牙所有权的人，在任何时间任何情况下都不得没有任何动机的出售或出口自己的财产。

条款 6

根据此项条款，天主教殿下割让给美国的地区上的居民，应当被美国联盟所认可。据联邦宪法的原则，应当承认他们享受所有的特权、权利以及美国公民的豁免权。

条款 7

天主教殿下应当撤销割让给美国的领土上的所有警察和军队。在此项条款获得批准的六个月之内，他们占领的地方应当尽快交付给美国，并且越快越好。天主教殿下的官员和美国的官员或军官被正式任命并接收他们。美国应当帮助遣返和护送西班牙军官和士兵及他们的行李到哈瓦那。

条款 8

1818 年 1 月 24 日之前，天主教殿下或他的权威当局割让所有土地的赠款。土地所有者应当批准和认可上述所说的割让给美国的领土。同样的，如果领土乃在天主教陛下的管辖之下，相同的赠款也将有效。但是因为西班牙国家的最近情况和欧洲革命，土地的所有者已经无法满足所有赠款的条件了，所以从签订该条约的日期起，应当统一限制条件约束他们。那么上述所说的所有赠款均无效。特此声明，上述所说的 1818 年 1 月 24 日所有赠款，天主教殿下一方转让佛罗里达州的第一个议案，都将被视为无效。

条款 9

缔约双方都真挚地希望双方之间存在的所有差异得以调解和终止。并且对于永远保持他们之间友好关系的想法，双方达成共识。他们也希望相互都不要做一些损害国家以及可能在签署这项条约前还遭受着磨难的各自的公民和臣民的事情。

（1）美国将放弃在 1802 年 8 月 11 日的会议中提到的所有的损害。

（2）对于在法国领事馆定罪的，由法国海盗船长们赔偿的所有款项，都在西班牙的管辖之内。

（3）1802 年，所有停职赔偿存款的支配权利属于新奥尔良州。

（4）西班牙政府对所有美国公民申明：将扣押在西班牙海上、港口地区以及西班牙殖民地的非法公民。

（5）自 1802 年公约起，到该条约的签订，西班牙政府对所有美国公民声明：请求美国政府的介入，并已提交给美国国务院或驻西班牙的美国外交部。

天主教殿下宣布放弃的还包括：

（1）1802 年 8 月 11 日条款中提到的所有伤害。

（2）天主教殿下关于派克船长从回归而提出的资金回报。

（3）因为纽约的原因而对米兰达探险造成的所有伤害。

（4）美国政府在海上、港口或在美国管辖范围内的土地上非法扣押的货物，而对西班牙国民的索赔。

最后，为了宣称天主教殿下的所有目的，在本条约签订日期和 1802 年公约的日期之前，在美国政府干涉下，天主教陛下的政府一直请求由殿下的外事部门或他的驻美外交部出任。

　　缔约双方分别宣称放弃在佛罗里达州，关于各自指挥官和军官最近的任何事件或交易的所有赔偿。

　　如果可以，在佛罗里达州，美国将发生的伤害降至最低，将通过法律程序建立保护西班牙军官和西班牙个人居民安全的美国军队。

条款 10

　　1802 年 8 月 11 日，两国政府将举行大会，两国于 1818 年 12 月 21 日批准的修正案将正式终止。

条款 11

　　考虑到市民放弃所有的赔款，而且对于五百万美元以下的赔偿完全取消，未来，美国将乐于满足西班牙所有的需求。为了确定全额款项和条约的有效性，由参议院建议，总统任命在华盛顿成立特别委员会，并由参议院批准执行，委员会由三名美国公民组成。从第一次开会计算，每三年一次，都要接受、检查、并决定上述所说的所有索赔的数量和有效性。为了忠实地履行他们的职责，上述所说的委员需要宣誓或证实：他们会议过程会被全程记录。倘若任何委员死亡、生病或者因为其他必要原因缺席会议，那么可能会将他的位置提供给别人。如上述所说，参议院休会期间，或由美国总统指派的另一个专员接续他的工作。对于上述所说的条约中的相关问题，委员会应当接受所有相关的真实证词的授权听取和审查、宣誓。

西班牙政府应当提供他们财产调整的条约的所有此类文件、说明。根据 1795 年 10 月 27 日双方签订的公平原则、国家法律和条约规定。需要上述所说的委员会实例中的指定文件。

由上述所说的委员会或其重要组成部分宣布的索赔付款，总数不会超过五百万美元。赔款将由美国支付，要么立即从财政部支出，要么建立股票，且每年须支付总赔款 6％的利息。由法律规定，特此将应付款项内的公共土地销售地区割让给美国，可能或以其他方式偿还给美国国会。

对于上述所说委员会的全过程记录，连同之前的凭证和文件一样，相关的调整和决定都应当取决于他们。在驻美的西班牙外交部的要求之下，如果有需要西班牙政府应当提供相关文件，收盘后的交易和他们交易的副本都应当存入美国国务院。

条款 12

1795 年的界限和航海条约，依然承认除了 2、3、4、21 点外的条款所有内容。并且此条约变更或者开始执行后，第 22 章第 2 条条款将不再有效。

1795 年友好、界限和航海条约中的第 15 条，规定国旗应包含所有的性质。对承认此原则的权力，缔约双方达成共识。且缔约双方中的任何一方在战争中应与第三方和其他持中立态度的国家站在一边。政府承认这一原则，中立的旗帜应当涵盖敌人的财产，而非他人。

条款 13

缔约双方希望他们对各自港口的商业船只提供必要帮助，来支持他们共同的商业。并且已经允许水手们可以从别的港口驾驶船舶离开。

条款 14

美国表明，就法国对他们的伤害和掠夺来说，他们没有收到来自法国的任何补偿。沿岸的领事和法庭及西班牙的港口对这个条约的条款甚是满意。西班牙也将承认他们创造的财富和真正的价值，就像公平和正义带来的相同好处一样。

条款 15

美国为了巩固两国之间现存的友好关系，在此给予保证。为了支持天主教教主的商业活动，同意西班牙船只装载西班牙本国生产的产品直接从西班牙或它的殖民地的港口驶离。美国的船只在佛罗里达州，彭萨科拉和圣奥古斯汀的港口有十二年的期限，所以不用支付其他货物或更高的关税或吨位的费用。在上述所说的期间内，其他国家不能在割让的领土范围内享有同样的特权。十二年应当从此条约的修正案的交换后 3 个月开始。

条款 16

缔约双方均批准本条约，且批准书应在六个月以内进行交换，或越早越好。

美利坚合众国的全权公使和天主教教主签署了此条约。

1819 年 2 月 22 日，华盛顿。

约翰·昆西·亚当斯（美国）

路易斯·德·欧尼斯（西班牙）

19. 门罗宣言

（1823）

【在拿破仑垮台之后，君主立宪制政府的建议得到了支持的回应，在其结果中，西班牙的目的在于希望恢复它在南美洲的殖民地，并赢得独立。俄罗斯也开始宣称扩展它在太平洋海岸的领土。考虑到这些现状，门罗总统总结了他于 1823 年的陈述，一种试图遏制外国扩张势力的美国政治言论："为了扩展他们的政治系统至这一部分半球。"此主张并不是由国会批准的，其有效性不是取决于国际法，而仅仅是靠美国的力量来执行。】

在俄罗斯帝国政府的提议中，一个完整的权力和指令将通过驻美的俄罗斯外交部部长传送到美国圣彼得斯堡部长手中。通过友好的协商来安排两国各自在这片大陆上西北海岸的权益。一个类似的提议是由皇帝陛下提交给英国政府的，这也同样被纳入条约中。美国政府一直希望通过展现巨大价值这种友好的方式进行，他们总是渴望得到与皇帝的友谊，并且用他们的关怀去培养对他们政府最好的理解。对于兴致高昂的讨论，他们可能会终止这样的安排。这个时机已经被判断为合适宣称的时候，作为涉及美国权益的一个原则。美国大陆，他们承担和维护的自由和独立的条件，从今以后不被认为是未来任何欧洲列强进行殖民扩张的地方。

去年会议开始时，为了改善这些国家人民的生活条件，西班牙和葡萄牙都做出了很大程度上的努力，而且这些努力看起来非常合适。到目前为止，得到的结果已经完全不同于当时预期的结果了。通过世界各地的事件，我们频繁地交流，从中，我们了解到我们的起源，我们一直都是忧虑和感兴趣的旁观者。美国公民珍惜友好的感情，支持大西洋彼岸的同胞们追求自由和幸福。在欧洲列强之间的战争中，与他们相关的事宜，我们从未干涉，当然他们也不会左右我们的政策。只有当我们的权利受到侵害或者严重的威胁时，我们才会深恶痛绝或是做好防御的准备。所有开明的、公正的观察员们都清楚地看到，为了共同的事业，我们务必要更直接地与这个半球的运动紧密相连。在某种意义上来说，同盟国与美国的政治体系有着本质上的差异，这种差异存在于各国的政府中。为了保卫我们自己的家园，整个民族的仁人志士们抛头颅，洒热血，牺牲了来之不易的财富，最后通过我们开明及充满智慧的人民的不懈努力，我们终于取得了胜利，使整个国家享受到了无可比拟的幸福。我们应当归功于彼此间的坦诚，以及美国和这些国家之间的睦邻友好关系。然而现在并且我们应该考虑到，他们在这个半球扩张政权的任何尝试，都会对我们的和平与安全产生威胁。我们没有干扰别国，也不会干涉现有的殖民地国家和依赖任何欧洲力量的国家。在政府宣布他们的独立之后，我们会维护这份独立，就像维护我们的独立一样。在慎重的考虑我们所承认的公正原则后，现在无论哪个欧洲强国的任何光鲜的表现，或者为了压迫或控制他们的命运而采取的任何干涉行为，我们都将视为对美国不友好的表现。对于这些新政府和西班牙之间的战争，我们宣布保持中立态度，并且在我们的态度上不会发生任何变化。就美国而言，政府主管部门所做的判断应当做出相应的改变，因为这对他们的安全来说是不可或缺的。

在西班牙和葡萄牙事件中，指出欧洲仍不安定。这一重要事实，没有比更强的证明可以举出同盟国认为它应该是正确的，任何令人满意的原则都不能用武力干涉西班牙的内部问题。在相同的原则上进行这样的干涉在多大程度上是一个问题，所有独立政权的政府与他们的不同，有利益的甚至那些最偏远的，肯定没有比得上美国的。我们对于欧洲方面的政策，采用了在战争的初期阶段的政策，这么长时间的搅和，不过全球的四分之一是相同的。这是不干涉其内部权力的问题。考虑到政府事实上是我们的合法政府。为了培养友好关系，直率、坚持和硬汉政策维护了这些关系。在所有情况下的会议，只是声称了各种权力，并没有受到伤害。但是关于这些大陆，他们的情况有非常明显的不同。在没有危害我们的和平与幸福的情况下，同盟国想扩张他们的政治系统至大陆任何部分是不可能的。也没有人会相信我们的南部弟兄，如果将土地留给他们，他们将采用自己的协议。因此，我们用冷漠的态度采取任何形式进行干涉，这也同样是不可能的。如果我们看向合作的力量、西班牙的比较优势的资源、这些新的政府和它们彼此的距离，它将永远不能征服他们是显而易见的。它仍然是美国真正让当事人留给自己的政策，希望其他大国将采取相同的方式。

20. 墨西哥条约
(1848)

【通过购买路易斯安那州，得克萨斯已成为美国领土的一部分。但是在 1819 年佛罗里达谈判中，得克萨斯被割让给西班牙。两年后，墨西哥，包括得克萨斯，已宣布独立，美国两次试图从墨西哥购得得克萨斯都未成功。来自美利坚合众国的移民定居于得克萨斯最终致使得克萨斯被分离出来，并合并于美利坚合众国，结果造成 1846 年 5 月墨西哥战争的爆发。通过签订此条约宣布战争结束，美国不仅得到了得克萨斯，并且还收获了新墨西哥和位于其北面的加利福尼亚州。】

美利坚合众国和墨西哥合众国于 1848 年 2 月在瓜达卢佩—伊达尔戈确定和平友好领土划分条约；1848 年 3 月 10 日，在宪法修正案下，参议院审核批准；1848 年 3 月 16 日总统批准；1848 年 5 月 30 日在克雷塔罗州交换批准书；1848 年 7 月 4 日发表公告。

以上帝的名义：

美利坚合众国和墨西哥合众国受真诚的心意所启蒙，愿意结束两共和国之间存在的不愉快的灾难性战争，建立和平友好的坚实基础，两国人民互利互惠，保证两国人民和睦相处、互相信任，成为友好邻邦国，为此委任各全权公使，即：

美国总统委派尼古拉斯·P. 特里斯特，一位美国公民。墨西哥合众国委派多恩·路易斯·贡扎加盖瓦斯、多恩·伯纳多·库托和多恩·米盖尔·爱崔斯坦，墨西哥合众国公民。

各全权公使进行互惠洽谈之后，承蒙和平的创始人——上帝的庇护，协商一致同意签署以下条约：

美利坚合众国和墨西哥合众国和平友好领土划分条约。

条例 1

美利坚合众国和墨西哥合众国之间应实现完全稳固的和平，和平要覆盖他们各自的国家、领土、城市、乡镇和人民，地方或人民无一例外。

条例 2

一旦签署该条约，由美国军总司令任命的一名长官和墨西哥政府任命的几名长官将最终依照惯例声明，暂时停止一切敌对行动，美国占据的地方，将重整法律秩序，对党派、行政和司法部门进行调整，这些做法在占领区将被认可。

条例 3

当前条约一旦获得美国政府的批准认可，指令将会传达给大陆指挥官和海军舰队，要求后者（如果该条约之后被墨西哥共和国批准，并交换批准书）立即停止封锁所有墨西哥港口的行动，并且要求前者（同一情况下）开始在尽可能最早的时间内撤退一切在墨西哥共和国境内的美国军队，经过再三商讨达成共同意见，军队距离海港不超过 30 里格；在墨西哥共和国内驻留的军队撤离应尽快完成；墨西哥政府据此需按照合约自身尽其所有来提供设备，给予军队行军和驻守新位置以同等方便，促进军队和当地居民的友好沟通。同样应向负责海关的人员派发指令，掌管美国军队占领的所有港口的房屋，要求他们（同一情况下）立即转交墨西哥政府授权公民的同一管辖权，并接收该地，附带所有还未到期的进出口关税债券和票据。此外，需要开出一张真实精确的账单，注明全部进出口关税，在此海关征收美国授权的住宅或墨西哥其他地方，从墨西哥共和国批准该条约之后开始执行；仅扣除征收费用的其余全部费用将上交至位于墨西哥城市的墨西哥政府，交换认定书后三个月内有效。

依照以上条款，美国驻守在墨西哥共和国首都的军队，应当在美军长官接收到当地指令后，于一个月内或尽可能更早的时间内完成撤离工作。

条例 4

一旦该条约批准书交换之后，所有在当前战争中美国军队夺占的堡垒、要塞、领土、地方及财产，隶属墨西哥共和国范围之内的，将按照条例要求进行安置，占有品需明确归还上述共和国，并附以在上述堡垒或要塞中夺获的大炮、武器、战争设备、军需品和其他公共财产，当该条约被墨西哥共和国政府完全批准时，这些占有品依然可以保留下来。为此，一旦该条约签署后，指令将会下发至看守该堡垒和要塞的美国长官，要求其保护所有大炮、武器、战争设备、军需品和其他公共财产不被搬移或不受破坏。在四周布下内线防御堑壕的墨西哥城，关于墨西哥周围设有内线堑壕、城内的大炮、战争设备等财产归还问题应包含在以上条款中。

美国军队在墨西哥共和国境内的最后撤离，自上述交换批准书或可能更早时起，需在三个月内完成；墨西哥政府据此按约定，如前一条一样，倾尽全力协助本次撤离，为军队提供便利，促进军队和当地居民的友好沟通。

但是，如果双方并未在患病季节来临之前于墨西哥湾墨西哥港口批准此条约，认可美军完成撤离，在此情况下，上述美军总司令和墨西哥政府达成友好一致意见，指定还未撤离的军队居住在健康或其他合适的场所，距港口不超过 30 里格，直到交替到健康之季为止。这里所提到的患病季节时间是指从 5 月 1 日到 11 月 1 日为止。

各方在陆地或海域俘获的所有战犯，在该条约交换批准书之后，需尽快归还至各方军队。该条约同样一致认可，如果一些墨西哥人现在被美国境内的任一野蛮部落捕获作为俘虏，按照以下条例进行安排，美国政府将要求释放这些俘虏，并将其送还至他们的国家。

条例 5

两共和国的边界线应从墨西哥湾开始，距离大陆 3 里格，正对着格兰德河口，又称北布拉沃河，如果不止一条支流注入海洋的话，边界线或是正对着最深的支流入口；从该河流中段起，紧跟着不止一条的最深河道，穿过新墨西哥南部边界；从那里沿着新墨西哥西部航线一直向西（流经帕索镇北部）可以流至西部终端；从那里沿着新墨西哥西部航线一直向北，直到与吉拉河流第一支流交叉（或者如果没有和那条河流的任何支流相交叉，也会达到最靠近支流的地方，然后从那里直接流向同一地点）；接着从上述河流支流中段向下流出，直至注入科罗拉多河；再穿过科罗拉多河，到达加利福尼亚上下游分界线，最终流向太平洋。

在此条例中提及的新墨西哥南部和西部界线，被制作在地图中，该地图被署以"由共和国国会通过不同法案系统制定的、依据最高权威机构绘制的墨西哥合众国地图，修订版由迪斯特纳尔于 1847 年在纽约出版"，该复印地图被添加至该条约中，并刻有全权公使的签字盖章。为了消除通行加利福尼亚上下游分界线的障碍，双方一致认可将上述界线组成一条直线，从吉拉河流中段开始，与科罗拉多河流交汇，到达太平洋海岸，距最南端的港口圣地亚哥正北方有一海里格，这是依据多恩·胡安·潘托哈在 1782 年所做的港口通行方案，第二次航行由西班牙舰队主导，并于 1802 年在马德里发表，该航线记录在苏蒂尔和墨西哥船舰的地图集中。该方案迄今被添加到条约中，经由全权公使签字盖章。

为了在官方地图上精确地划分出应有的边界线，并确定领土——像之前条例中描述的那样，对两共和国的界线进行标记，双方政府应各派一名长官和测量员，从该条约交换批准书之日起期满一年之前，该长官和测量员应赴圣地亚哥港口会面，并开始全过程针对北布拉沃河进行标注。他们需要保持记录并制作出操作方案；双方一致认可的结果将会是该条约的一部分，一旦列入条约之中将会产生同等效力。两国政府将友好认可，有必要对这些长官进行问候，同样还有其陪同，也是有必要问候的。

依据该条例确定的分界线应由共和国各方认真遵照，在此条例中不得做出更改，除非两国表达更改意愿并自由认可，由各国政府遵照其自身宪法给予法律认可。

条例 6

美国船舰和公民从前一条例中划定的北部边界线领域中，可以始终自由、畅通无阻地通行加利福尼亚海湾和与吉拉河流交汇的科罗拉多河流；各方须知，该运行通道可在加利福尼亚海湾和科罗拉多河流进行通航，没经墨西哥政府的明确许可，不允许大陆通行。

如果经过检查，可以确定在整个或部分吉拉河流上游，或其右岸、左岸，在河流边缘一海里格以内的地方，修筑公路、运河或铁路具有实用性，并且有益处，两共和国政府将就该建造事项达成协定，以供两国平等享用优势条件。

条例 7

吉拉河和位于新墨西哥南部边界的部分北布拉沃河依照第 5 条例，被分隔在两共和国的中间，吉拉河和边界北布拉沃河的通航应向两国的船只和公民自由、共同开放；任何一方未经另一方许可，不得修筑任何建筑物来完全或部分妨碍阻隔此通行；即便意图另辟新航线也不可阻隔。不得以任何名义或头衔，向在同一河道通行的船只、公民征收任何通行税或特别税，或是向商品或运输财产进行征税，抵达另一方海岸的情况除外。如果为了保证上述河流可通行或在其州内进行河流维护，征收通行税或特别税是必要的、大有用处的，未经两国政府许可，也不可征税。

此条例中涵盖的条款在确立的界线范围之内不得损害各共和国的领土权益。

条例 8

按照本条约规定，之前居住在隶属于墨西哥领域、现将被划定为美国领域的墨西哥人，可以继续自由地住在他们现在所住的场所，或可以随时搬到墨西哥共和国，保留他们在上述领土中持有的财产，或将在该领域内的财物进行处理，并转移到他们乐意前往的地方，因此他们可以不用受制于交特别税、课税或其他任何费用。

那些愿意留在上述领域内的人可以保留墨西哥公民的身份或权利，或是得到美国的公民身份许可。但是他们需要从该条约批准书交换之日起一年内履行好他们的公民义务；在一年合约期满之后还留在上述领域内的那些人，并没有表达想要保留墨西哥公民身份的意愿，那么他们将被当选为美国公民。

在上述领域内，现属于墨西哥人而不归属于上述领域的每一分财产，都不容侵犯，应被受到尊重。当前的财产所有者，上述领域的财产继承者，和在将来可以按照契约得到上述财产的所有墨西哥人，在其隶属于美国公民范畴后，也应尊重其拥有足够平等的权利享有财产继承保证。

条例 9

在上述领域内不再保留墨西哥共和国公民身份的墨西哥人，依照前一条例中的有关规定，将被纳入美利坚合众国，并且在适当的时间（美国国会做出判定）遵照宪法基本原则，依法享有美国公民所享有的所有权利；同时，他们享有的人身自由和个人财产将会得到维持和保护，并且不受约束，安全、自由地享有信教的权利。

条例 10

（文件破损）

条例 11

鉴于在该条约中有大部分领土将要被纳入美国领土之内，现在该领土被今后将会脱离美国控制的野蛮部落占据，其在墨西哥领土范围内的侵犯将会产生极大的危害，现庄严地达成协定，无论在何时美国政府都应强行制止该侵犯；当他们的入侵不能被阻止时，他们应将受到上述政府的惩治，并同时进行赔偿。同理，若其计划或在本国领土范围内对本国公民进行侵犯，也将用同等的注意力和精力来处理部落入侵。

美国居住者以任何托词购买或获得墨西哥人或外国人在墨西哥的居住权是不具备法律效力的，该居民可能会被居住在任意一国领土范围内的印第安人捕获；更不用提在该印第安人所在的墨西哥领域内购买或获得马匹、骡子、牛或任何牲畜财产。

当发生印第安人在墨西哥领域内俘获美国人，并将其送至美国领土范围之内的事例时，后者政府要以最庄严的形式进行约定、保证，一旦知道该俘虏归属于其领域，应当用其权势和力量忠实地对该俘虏进行营救并将其送回他们的国家，或者将其交由墨西哥政府代理处。墨西哥当局将尽快向美国政府公示该俘虏受理情况；其代理机构需支付在该获救俘虏身上产生的供养和移送费用；与此同时，应美国当局表示，他们应在其所在地受到最高的待遇。但如果美国政府在收到墨西哥告示之前，通过其他情报获知墨西哥俘虏在其境内，如上述规定，美国将立即实行释放并送至墨西哥代理机构。

为了给予这些条例以最大限度的效力，按其真实的想法和意图保障安全提供补偿，美国政府现将毫不犹豫地通过该条款，并谨慎执行，按国家本质来讲需要这些法案条例。最后，当印第安人从上述某领域内迁移，或以美国公民自居，上述政府将会赋予他们神圣不容忽视的职责；但相反，美国郑重明令禁止侵犯别国，若印第安人住在侵犯后的新住所，那么他们将不会得到特殊关照。

条例 12

关于美国得到延伸的边界疆土，在该条约第 5 条例中有明确规定，美国政府答应向墨西哥共和国支付金额 1500 万美元。

一旦该条约被墨西哥共和国政府完全批准后，美国政府将在墨西哥城支付上述政府墨西哥金银币 300 万美元。余下的 1200 万美元将在同一地点用同一货币进行支付，同时按照 6％的年利率支付本息。总额 1200 万美元的利息将从墨西哥政府批准该条约之日开始计算，并从当日起期满一年交纳第一批分期付款。到期时，携带每年的分期付款金额，连带着从计息之日算起的利息，连本带息交付。

条例 13

此外，美国保证承担支付索赔人现应得的以及将来所得的全部赔偿金，这是依照攻打墨西哥共和国所作出的索赔决定，两国商定支付金额应在 1839 年 4 月 11 日到 1843 年 2 月 13 日之间分期结算，以便可以在将来完全免除墨西哥共和国索要的所有赔偿金。

条例 14

　　美国政府进一步免除墨西哥共和国交纳美国公民的所有赔偿金，此前并不打算与墨西哥政府为敌，该赔偿金将会提前在该条约签署之日起被提出；不论是依照下一条例规定拒绝赔偿，还是经由委员会批准许可，该免除是不可更改的，具有永久性，不论许可免除多少金额。

条例 15

　　在前一条例中，美国免除墨西哥应对美国公民支付的赔偿金，并且对其赔偿金额，不论多少，进行完全、永久免除，美国同样保证对墨西哥公民给予赔偿，赔偿金额不超过 325 万美元。为了确定该赔偿金的准确数额，美国政府将成立一个委员会，该委员会将做出最后决议；在决定每一笔赔偿金的确定数额时，委员会应以尚未批准的第 1 条例和第 5 条例中规定的原则和准则为指导方针，1843 年 11 月 12 日在墨西哥城结束此决议；未遵照此原则和准则做出的赔偿金额绝不会得到判决认可。

　　倘若上述委员会或索赔者认为，墨西哥共和国领土或势力之内的任何书籍、记录或档案，对于公正地决定每一笔赔偿金来说是必不可少的，委员会或索赔者将通过它们，在国会指定的期限内，写下申请，由美国国务卿传达，寄送至墨西哥外交部部长手上；墨西哥政府保证接收到此借据后，尽可能在最短的时间内，将在其领土或势力范围之内任何详尽的书籍、记录或档案（或已认证的同一文献或摘录）传送至上述国务卿手中，随即国务卿将其交至上述委员会；在任何赔偿金的案例中不能做出此类申请，直到在宣誓或断定的情况下，需要书籍、记录或档案陈述事实才可做出此申请。

条例 16

各合约方需保存自身全部权利，当完全推理出国土面临危机时，在其领土范围之内要加强巩固，为了国土的安全，需严加防范。

条例 17

美利坚合众国和墨西哥合众国于 1831 年 4 月 5 日在墨西哥城缔结友好通商航海条约，不包含附加条例，以及上述条约与当前条约中任何条款不相符的条例，在力量与美德的汇聚下，该条约从交换批准书之日起 8 年之内有效；在 8 年期满之后，各合约方在任何时刻需保留自身权利，来终止与对方签订的一年协议。

条例 18

在墨西哥驻留的美国军队在做出最后撤离任务之前，抵达军队占领的港口所需的供应物，尽管以后会撤离港口海关，应当完全免除关税或产生的任何费用。据此，美国政府郑重承诺安置军队，并谨慎执行任务，为保障墨西哥的税收安全，美国会出动所有可调动警卫兵，对进口货物和数量进行严格限制，除了美国军队驻留在墨西哥时真正需要的消费用品。为此，倘若发现或有理由怀疑墨西哥试图滥用此条例，美国所有官员和代理人有责任向墨西哥当局提起控诉，另外会在其能力范围内向当局调派所有助手协助调查此事；当主管法庭做出判决，充分认证确定此不当做法时，应对这一不当的引用做法给予没收财产的处置。

条例 19

关于所有商品、财物及其他财产进口到墨西哥港口，同时美国军队驻守于此港口时，无论是双方国民进口还是任何中立国的公民或国民进口，需遵循以下规则：

（1）所有此类商品、财物及财产，如果在墨西哥海关恢复之前进口，按照本条约第 3 条例有关规定，应免除没收财产的处罚，即使墨西哥关税局禁止此类商品的进口。

（2）在下一条例中墨西哥关税在各港口生效，海关恢复后，固定前 60 天，所有此类商品、财物及财产的进口仍可享受免除处罚的待遇；但当下一条例生效时，上述商品、财物及财产在进口时需遵照支付关税的原则。

（3）前两条规则所述的所有商品、财物及财产，以任何名义停靠在港口处，离开港口处转送境内时可免除所有关税，或任一分类课税。它们也不需要在运输数量上交任何费用。

（4）第一、二规则所述的运送到境内各地的所有商品、财物及财产，同时美国军队占领该运送领地时，以任何名义停靠在港口处时，可免除所有运输商品消费数额的关税，和其他任何额外的课税。

（5）但是如果第一、二规则所述的任一商品、财物及财产在美军未占领港口时，运送到各地区时，引入港口及商品消费数额所产生的关税将按照墨西哥相关法律进行征收，如果此进口货物是在和平时期引进的，它们需遵照墨西哥关税征收条例，向海关机构支付关税。

（6）第一、二规则所述的所有商品、财物及财产的所有者，抵达墨西哥任一港口后，有权选择将这些进口货物重新装船，免除所有关税，课税或其他额外税。

在美军驻守港口，未恢复海关时，关于从任一墨西哥港口出口的金属或其他物品，墨西哥当局，不论是总局或是州政府，不得要求向任何人征收任何出口课税，关税或额外税，或上述机构不得以任何形式向同一出口商品进行征税。

条例 20

鉴于总体经济利益，双方一致认可，遵照第 3 条例有关规定，从该条约签署之日起到恢复海关之日至少需要 60 天，在此情形下，所有抵达墨西哥港口的商品、财物及财产，在上述海关恢复之后，到该条约签署后 60 天期满为止，可允许入关；并且在海关恢复期内不需要向其交纳其他关税制定实行的课税。此外对前一条例规则中所述的所有商品、财物或财产都适用。

条例 21

如果将来两共和国之间出现不愉快的分歧，无论是在该条约有关条款的解释方面，还是其他详细的两国政治或经济关系问题方面，上述两国政府，需向对方承诺，他们将会用最大的真诚和热忱努力化解出现的分歧，并为此以共同代表出席和平协商的形式，保持两国现在所处的和平友好状态。如果通过这些方式，两国并未达成一致，一方不可因此对另一方采取报复、侵略，或敌对手段，直到受侵犯政府充分承认其被侵略行为，本着和平友好的邻邦国态度，该分歧无论是被各方代表长官公然裁决，或由一方友好邦国决断，会相得益彰。一方提议此解决方案，另一方将会认可，除非此方案与分歧存在的本质完全冲突，或是有不相一致的情况发生。

条例 22

如果（不被期待或上帝禁止的）战争在两共和国不幸爆发，对于此类不幸事件的发生，他们此刻要郑重向对方和世界承诺遵循以下准则，当然在事件本质允许的情况下，尽可能地就一切情况而论，完全遵守该规则是不可能的：

（1）任何一国的商人在另一国家可被允许停留 12 个月（对于居住在境内的人）和 6 个月（对于居住在海港的人）来收债或处理事务；在此期间，他们同最友好邦国公民或国民一样，同等享受法律，同样进行走动；在期满时，或在期满前的任意时间内，遵照最友好邦国公民或国民被要求遵循的法律，他们完全可以自由离开，毫无干扰或阻碍地带走他们所有的财物。关于任一国家进入另一国领域范围之内的军队，和未携带武器居住在毫无防备的城镇、乡村或其他地方的妇女和儿童、牧师、各类学者、农民、商人、艺术家、生产商和渔民，总体看来，所有前来居住的人都是为了基本的生存和人类利益而前来，这些人将被允许继续他们各自的职业，不会对其进行干扰。那些既没有在战争过程当中被入侵的军队烧毁或破坏的房屋或物品，又没有被掠走牛，更没有荒废田园的人，他们可能会衰落；但是如果因为军队的使用致使生活必需品价格上调，他们将以合理的价格购买同一供给品。所有的教堂、医院、学校、大学、图书馆和其他慈善捐赠机构应得到尊重，与之相关的所有工作人员在退职和继续职业时都应受到保护。

（2）为了减轻战犯的苦刑，那些将战犯送至偏远、气候恶劣或损害身体的地区，或是让其挤在紧闭有毒的地方的所有做法，都应注意避免。他们不应被囚禁在地牢或监狱中；也不应遭受烙刑、捆绑，或其他限制其肢体使用的酷刑。在便利的地区，长官享有自由言论权，并且住在舒适的营房；一般的士兵被安置在兵营里，对于呼吸空气和运动来说足够开阔宽敞，也有住在兵舍里，宿舍提供的和在其军队掌权的长官的房间一样宽大舒适。但是如果有任何长官打破言论离开其被指派的地区，或有任一逃犯交由该长官管制之后，从其管辖范围之内逃跑，该个人、长官或是其他罪犯，将丧失该条例中提供的言论自由或住兵营的好处。如果有任一长官打破言论，或是普通士兵逃离其被指派的管辖范围之内，之后被军队所找到，不同于之前常规退换，该违规人员应按照制定的战争法进行处置。长官每天应得到供应品，依据其指挥军队的身份，按照此条例可提供多些口粮，无论在性质上还是减刑上，都与其军队同一军衔的长官待遇一样；其他所有人应按照一个普通士兵的服役程度给予每天的口粮；所有供应品的伙食费用，在战争结束或双方长官签订协议共同调节战犯的生活状态时，应由对方负责支付；该账单不得与其他费用相混用或抵销，也不得拖欠余额，以任何真因或假因进行补偿或报复。各方需保持战犯的粮食供应，自身需指派人员供应每一个处在别国境地的战犯兵营；应为战犯提供他所满意的粮食供给量；其朋友前来探视时，应免除任何所有的关税或课税和额外税；战犯应享有向其服役国家寄写信件的自由权。

在此声明，以战争为借口解除所有条约，或是其他任何托词，都不能被认作可以取消或暂停涵盖此条例的庄严契约。相反，战争恰恰发生在此条约缔结时，在此期间，这些条款将在自然法或国家法下成为最受公认的需虔诚遵循的条例。

条例 23

该条约需由美利坚合众国总统，在参议院的意见通过下，和墨西哥共和国总统，在其国会提前赞许的情况下，一同批准；该批准书应在华盛顿城，或在墨西哥政府所在地进行交换，四月之内，尽可能快速完成签署工作。

本着诚挚的心，各全权公使已签署此和平友好领土划分条约，并各自盖章。一式五份，于 1848 年 2 月 2 日在瓜达卢佩—伊达尔戈城签署完成。

尼古拉斯·P. 特里斯特【盖章】

路易斯·贡扎加盖瓦斯【盖章】

伯纳多·库托【盖章】

米盖尔·爱崔斯坦【盖章】

21. 逃奴追缉法

（1850）

【逃亡奴隶追缉法是众所周知的 1850 年妥协案中的一部分。通过这次和解方案，反奴隶政党获得批准将加利福尼亚变为自由州并且废除哥伦比亚地区的奴隶贸易。而另一方面，奴隶制政党除了在得克萨斯问题上做出妥协外，从此法案中也获益颇丰，而逃奴追缉法的严酷性却极大地促进了北方反奴隶主义者的醒悟。】

第 1 条　该法案是在全体会议上由美国参议院和众议院制定的，那些已经或即将被美国巡回法庭依照国会法律有关规定授任为执法长官的人，在任职后，有权行使美国治安法官或其他地方执法长官的权力，对于刑犯或侵犯国家权益的人在类似案件中或拘捕，或监禁，或保释，并且根据 1789 年 9 月 24 日所颁布的"关于建立美国法院的一项法律"中第 33 条，这些执法官应当被授予要求行使和执行该法案所授予的权利和义务。

第 2 条　该法案进一步规定，美国各自治领域的最高法院应当享有同样的权力委派执法长官在民事案件中审判保释人及其在法庭上的陈述和证人证词，这些权力现在由美国巡回法院掌管；而所有将被美国各自治地区的最高法院授任处理此类案件的长官应享有所有权力，履行所有职责，与被美国巡回法院授职处理相似案件的专员相比，他们还应行使和履行该法案规定的所有权利和义务。

第 3 条　该法案进一步规定，美国巡回法庭应不时扩大官员数量，提供合理的人力物力资源追回逃奴，并且能够灵活变通地履行该法案规定的职责。

第 4 条　该法案进一步规定，上述授任的官员应同美国州内的各巡回法院，地方法院及最高法院的法官一样享有同等权力，工作期与休假期，根据各自的规定或共同依照的原则，也应与之相同；应认可给出充分证据的诉讼者，并且有权将那些摆脱服务与劳动的逃奴，依照此法案的限制条令，送回他们以前可能逃脱的州或其他地区。

第 5 条　该法案进一步规定，所有的执行法官和副执行官，在他们掌权期间，应有责任服从和执行该法案条令下发的授权令和准则；如果执行法官或副执行官，在受理期间，拒绝接受委任状或其他流程，或者是费尽苦心运用一切正当手段处理同一案件，他应为此被他所在的巡回法院或地方法院判处罚金共计 1000 美元，这是代表诉讼者的要求和意愿；在拘捕逃奴后，依照该法案条令规定执法官或副执法官同时要对他们进行监护，如果奴隶脱逃了，无论是否经过执法官或副执法官的许可，该执法官，在他任职期间，可以被起诉，这是维护诉讼者的利益，那些逃奴能为他们所逃脱的国家，州或地区提供大量的服务和劳动力：这能使上述因此而被授任的行政官能更好地切实有效地履行他们的义务，依照美国宪法和该法案的要求，他们在各自的郡县内被批准授权，他们可以不时地任命任何人或更合适的人选来执行任务或其他流程并被规定依法履行各自的职责；而被他们任命的官员有权执行上述的法定程序，可以从民众或一些郡的警卫团当中召集助手，但必须要忠实遵照宪法和该法案中的条例；要求所有优秀公民能帮助法律快速有效的实施，如上述所言，为达到目的，他们随时都要提供服务。上述的委任状无论是在何地发出的都应由上述官员执行。

第6条 该法案进一步规定，当一个奴隶被限制只能在美国的一个州或地区服务和劳动时，他此时或将来逃到美国的另一个州或地区，这个奴隶或这群奴隶的主人或他、她或他们的代理人或律师，有权正当行使自己的权利，写诉状书，并由律政官员或处理类似案件的州或地方法院盖章证实，这样便可以继续追回逃奴，或者是从当地的巡回法院，地方法院或郡县级法院的法官手里拿到逮捕令，逮捕逃奴，这样可以免除抓捕逃奴的手续，在审判员，法官，执行官受理之前能立即追捕逃奴并将其带回原地，法官们依照总惯例处理此类案件还要听证再对此案件做出判决；（处理此类案件时）充分证据和书面证词或口供要提交给法官证实或其他有力的证词可适当提交给审判员、地方法官、治安法官或其他律政官员核实，这些法官有权依照逃奴所逃走的州或地方法律掌管宣誓书，提取证词，有了上述地方行政长官或其他官员开出的证明，以及另外从当地法院或官员得到的能足够确定证据属实性的盖章，还有能够确定逃奴的服务及劳动能力归诉讼者所有的证据和证词，就能确定从他们州或地区逃走后被逮捕的逃奴以及已然从之逃脱的奴隶确实是归上述为他或她提起诉讼的主人所有，为了辨识奴隶并将其归还至诉讼者或奴隶的代理人，证书可以陈述大量事实来确定逃奴是否是诉讼者的财产，要是逃奴是在他或她逃脱的州或地区被逮捕的，在这种情况下，诉讼者或奴隶的代理人有权在必要时使用适当的武力或镇压将逃奴带回他或她之前所逃离的地方。在此法案实施下，没有案例表明甚至没有听说过确定逃奴身份是需要证据的。此条内容和第 1 条的陈述是总结人们或被赐予的权利，他们能将逃奴带回逃奴之前逃离的州或地区，也能避免人们因办理法院、法官、地方官吏或其他人提出的复杂流程而产生事端。

第 7 条　该法案进一步规定，那些故意主动妨碍、扰乱或阻碍当事人，或逃奴的代理人行动的人，或是那些利用正当合法的手段帮助服务或劳役的逃奴摆脱追捕的人，不论他们是否办理上述手续；或是那些决定或试图将服务或劳役的逃奴从当事人或奴隶的代理人或律师的禁锢中解救出来；或是其他依照自己依法享有的权利去援救那些正在被追捕的奴隶的人；他们或直接或间接地帮助、支持、救助那些服务与劳动力已归他人财产的逃奴，帮他们摆脱他们的当事人或代理人；或是其他依法被授权的人，他们或庇护或藏匿逃奴，以防止他被人发现并逮捕，一旦查证确定他们所私藏的人确实为逃奴后，这些人将以违法行为，被判罚金不超过 1000 美元，或者是为期不超过六个月的监禁，这些处罚是美国地方法院在受理此类违法案件提起控诉做出判决之前的，或当地法院在美国自治区内受理此案件做出刑事审判之前的惩处。此外，根据公民从此违法行为中受到的损失，他们将被没收财产，按照一个逃奴的损失计算：一个逃奴需要 1000 美元的赔偿，可以通过贷款偿清，这是依照当地地方法院对此类犯罪案件的审理而做出的判决。

第 8 条　该法案进一步规定，法官、副执行官以及上述地方法院的职员应按照他们的服务被支付薪水，就如同在其他事例中，类似的服务应当被付费一样；那些单独用于逮捕，拘留逃奴并将其送还至当事人或其代理人或律师手中的服务，或是这些认定的逃奴因证据不足被释放的审判服务，一律由奴隶的当事人或代理人或律师支付其产生的服务费；对于审判之前的所有法律程序，可以按每办理一个程序收取 10 美元服务费进行，这可用于办理逃奴证明并将其下发至当事人或代理人或律师手中；在法官审阅发现证据不足以证明能将奴隶交至奴隶当事人或代理人或律师的一类案件中，当事人或代理人或律师需在每一程序中支付 5 美元服务费，其中包括逮捕和调查的劳务费。被执法官任命执行逮捕并拘留逃奴任务的人，应按每人每拘捕一人获得 5 美元的报酬，而且在做出判决前，依照当事人的建议和请求，长官理所当然认为，这些工作可能一定要由他或他们来做时，额外的服务应得到额外的报酬。例如参加审查，监禁逃奴，在他们被拘留期间为他们提供食宿，直到法官的终审判决。通常来说，执行当事人、代理人或律师所交代的任务或法官所委派的上述任务，所得费用应与国家或地方司法长官规定的费用相一致，要贴近实际，并由逃奴诉讼者或代理人或律师支付，无论逃奴在法官最终审判后是否被判决送还至该诉讼者。

第 9 条　该法案进一步规定，逃奴的当事人或其代理人或律师做出答辩并将证词提交后，他有理由担忧他的逃奴在被带离他被拘捕的州之前，会被他人依靠武装力量营救出来，当地官员应有责任看守关押在监狱中的逃奴，将其押回他所逃走的州，并最终送回至奴隶主或奴隶代理人手中。到最后押运的过程中，上述官员会特此被任命要求征召众多人员以致他能足够抵制外来武力，并在情况需要的时候将这些武装分子抓捕拘留。上述官员及其雇用的援助者，根据法律押运逃奴的相关规定，应得到同样数额的补偿金，并由监狱所在州的法官给予证明，补偿金由国家财务部支出。

第 10 条　该法案进一步规定，当被规定在一个州或地区或哥伦比亚州服务或劳役的奴隶从其所在州逃跑时，该奴隶的服务及劳动力归属于奴隶代理人所有的奴隶主政党，可以向法院或休假中的法官申请做记录，并向该法院法官提交充分的证据证明所逃奴隶是归属于他们所有的。法院由此对这一被证实事件做一个记录，并对在逃奴隶做出大致的描述，以方便确定是否为逃奴。该记录文件，经过法院官员的核实认证并盖章后，下发至其他各州或地区，或逃奴可能被找到的地区，美国宪法授权的各法官、委员或官员看此通告后会将服务或劳役的逃奴抓捕上交，该文档记录应包括奴隶逃跑的完整确凿性证据以及该服务或劳役的逃奴归属于上述政党的事实依据。在必要的情况下，除了在记录文档中确定逃奴身份，上述政党将公告其他或进一步的证据表明逃奴应送还至该诉讼者手中。上述法院、委员、法官或其他被法律授职的人应授予该诉讼者认证书，依照所做记录和其他上述证据的发表，该证书可表明诉讼者有权带回所确认的奴隶并证明该服务或劳役的逃奴确实为其所有，该证书授权诉讼者抓捕逃奴并将其运回至他所逃离的州或地区。倘若，证据中没有可以用来分析能将该记录文件及其他证据发表的材料，该诉讼案件将因证据材料不足，而需要其他胜任于法庭上的充分证据，而被听审判决。

1850 年 9 月 18 日，审批

22. 林肯的第一次就职演说
（1861）

【亚伯拉罕·林肯在当选为总统的讲台前做着充分的就职演讲。但就在林肯被任命为总统并发表演说之际，从联邦共和国退出的南方七个州成立了一个临时政府，夺取了包括七个州在内的隶属联邦的众多要塞。这是林肯上任后面临的处境。】

合众国的同胞们：

按照一个和我们的政府一样古老的习惯，我现在来到诸位的面前，简单地讲几句话，并在你们的面前，遵照合众国宪法规定一个总统在他"到职视事之前"必须宣誓的仪式，在大家面前宣誓。

我认为没有必要在这里来讨论并不特别令人忧虑和不安的行政方面的问题。

在南方各州人民中似乎存在着一种恐惧心理，他们认为，随着共和党政府的执政，他们的财产、他们的和平生活和人身安全都将遭到危险。这种恐惧是从来没有任何事实根据的。事实上，大量相反的证据倒是一直存在，并随时可以供他们检查的。那种证据几乎在现在对你们讲话的这个人公开发表的每一篇演说中都能找到。这里我只想引用其中的一篇，在那篇演说中我曾说，"我完全无意，对已经存在奴隶制的各州的这一制度，进行直接或间接的干涉。我深信我根本没有合法权利那样做，而且我无此意图。"那些提名我并选举我的人都完全知道，我曾明确这么讲过，并且还讲过许多类似的话，而且从来也没有收回过那些话。不仅如此，他们还在纲领中，写进了对他们和对我来说，都具有法律效力的一项清楚明白、不容含糊的决议让我接受。这里我来对大家宣读这一决议：

"决议，保持各州的各种权利不受侵犯，特别是各州完全凭自己的决断来安排和控制本州内部各种制度的权力不受侵犯，乃是我们的政治结构赖以完善和得以持久的权力均衡的至为重要的因素。我们谴责使用武装力量非法入侵任何一个州或准州的土地，这种入侵不论使用什么借口，都是最严重的罪行。"

我现在重申这些观点：而在这样做的时候，我只想提请公众注意，最能对这一点提出确切证据的那就是全国任何一个地方的财产、和平生活和人身安全决不会在任何情况下，由于即将上任的政府而遭到危险。这里我还要补充说，各州只要符合宪法和法律规定，合法地提出保护要求，政府便一定会乐于给予法律保护，不管是出于什么原因——而且对任何一个地方都一视同仁。

有一个争论得很多的问题是，关于逃避或引渡从服务或劳役中逃走的人的问题。我现在要宣读的条文，也和任何有关其他问题的条款一样，明明白白写在宪法之中：

"凡根据一个州的法律应在该州服务或从事劳役的人，如逃到另一州，一律不得按这一州的法律或条例，使其解除该项服务或劳役，而必须按照有权享有该项服务或劳役的当事人的要求，将其引渡。"

毫无疑问，按照制定这一条款的人的意图，此项规定实际指的就是，对我们所说的逃亡奴隶有权索回；而法律制定人的这一意图实际已成为法律。国会的所有议员都曾宣誓遵守宪法中的一切条款——对这一条和其他各条并无两样。因此，关于适合这一条款规定的奴隶应"将其引渡"这一点，他们的誓言是完全一致的。那么现在如果他们心平气和地作一番努力，他们难道不能以几乎同样完全一致的誓言，制定一项法律，以使他们的共同誓言得以实施吗？

究竟这一条款应该由国家当局，还是由州当局来执行，大家的意见还不完全一致。但可以肯定地说，这种分歧并不是什么十分重要的问题。只要奴隶能被交还，那究竟由哪一个当局来交还，对奴隶或对别的人来说，没有什么关系。任何人，在任何情况下，也决不会因为应以何种方式来实现他的誓言这样一个无关紧要的争执，他便会认为完全可以不遵守自己的誓言吧？

另外，在任何有关这一问题的法律中，应不应该把文明和人道法学中关于自由的各项保证都写上，以防止在任何情况下使一个自由人被作为奴隶交出吗？同时，宪法中还有一条规定，明确保证"每一州的公民都享有其他各州公民所享有公民的一切特权和豁免权"，我们用法律保证使这一条文得以执行，那不是更好吗？

我今天在这里正式宣誓，思想上绝无任何保留，也绝无意以任何过于挑剔的标准来解释宪法或法律条文。我现在虽不打算详细指出国会的哪些法令必须要遵照执行；但我建议，我们大家，不论以个人身份还是以公职人员的身份，为了有更多的安全，我们最好服从并遵守现在还没有废除的一切法令，而不要轻易相信可以指之为不合宪法，便可以逃脱罪责，而对它们公然违反。

自从第一任总统根据国家宪法宣誓就职以来，72年已经过去了。在这期间，15位十分杰出的公民相继主持过政府的行政部门。他们引导着它度过了许多艰难险阻，一般都获得极大的成功。然而，尽管有这么多可供参考的先例，我现在将在宪法所规定的短短四年任期中来担任这同一任务，却面临着巨大的非同一般的困难。在此以前，分裂联邦只是受到了威胁，而现在却是已出现力图分裂它的可怕行动了。

从一般法律和我们的宪法来仔细考虑，我坚信，我们各州组成的联邦是永久性的。在一切国民政府的根本大法中永久性这一点，虽不一定写明，却是不言而喻的。我们完全可以肯定说，没有一个名副其实的政府会在自己的根本法中定出一条，规定自己完结的期限。继续执行我国宪法所明文规定的各项条文，联邦便将永远存在下去——除了采取并未见之于宪法的行动，谁也不可能毁灭掉联邦。

还有，就算合众国并不是个名副其实的政府，而只是依靠契约成立的一个各州的联合体，那既有契约的约束，若非参加这一契约的各方一致同意，我们能说取消就把它取消吗？参加订立契约的一方可以违约，或者说毁约；但如果合法地取消这一契约，岂能不需要大家一致同意吗？

从这些总原则出发，我们发现，从法学观点来看，联邦具有永久性质的提法，是为联邦自身的历史所证实的。联邦本身比宪法更为早得多。事实上，它是由1774年签订的《联合条款》建立的。到1776年的《独立宣言》才使它进一步成熟和延续下来。然后，通过1778年的"邦联条款"使它更臻成熟，当时参加的十三个州便已明确保证要使邦联永久存在下去。最后，到1787年制定的宪法公开宣布的目的之一，便是"组建一个更为完美的联邦"。

但是，如果任何一个州，或几个州也可以合法地把联邦给取消掉，那么这个联邦比它在宪法制定以前更不完美了，因为它已失去了它的一个至关重要因素——永久性。

从这些观点我们可以认定，任何一个州，都不可能仅凭自己动议，便能合法地退出联邦，而任何以此为目的的决议和法令在法律上都是无效的；至于任何一州或几州的反对合众国当局的暴力行为，都可以依据具体情况视为叛乱或革命行为。

因此我认为，从宪法和法律的角度来看，联邦是不容分裂的；我也将竭尽全力，按照宪法明确赋予我的责任，坚决负责让联邦的一切法令在所有各州得以贯彻执行。这样做，我认为只是履行我应负的简单职责。只要是可行的，我就一定要履行它，除非我的合法的主人美国人民，收回赋予我的不可缺少的工具，或行使他们的权威，命令我采取相反的行动。我相信我这话决不会被看成是一种恫吓，而只会被看作实现联邦已公开宣布的目的，它必将按照宪法保卫和维持它自己的存在。

要做到这一点并不需要流血或使用暴力，除非有人把它强加于国家当局，否则便绝不会发生那种情况。赋予我的权力将被用来保持、占有和掌管属于政府的一切财产和土地，征收各种税款和关税；但除为了这些目的确有必要之外，决不会有什么入侵问题，决不会在任何地方对人民，或在人民之间使用武力。任何内地，即使对联邦政府的敌对情绪已十分严重和普遍，以致妨害有能力的当地公民执行联邦职务的时候，政府也决不会强制派进令人厌恶的外来人去担任这些职务。尽管按严格的法律规定，政府有权强制履行这些职责，但一定要那样做，必然非常使人不愉快，也几乎不切实际，所以我认为最好还是暂时先把这些职责放一放。

邮政，除非遭到拒收，仍将在联邦全境运作。在可能的情况下，一定要让各地人民，都享有完善的安全感，这十分有利于冷静思索和反思。我在这里所讲的这些方针必将奉行，除非当前事态和实际经验表明修改或改变方针是合适的。对任何一个事件和紧急问题，我一定会根据当时出现的具体形势谨慎从事，期望以和平手段解决国内纠纷，力图恢复兄弟爱手足情。

至于说某些地方总有些人不顾一切一心想破坏联邦，并不惜以任何借口图谋不轨，我不打算肯定或否定。如果确有这样一些人，我不必要再对他们讲什么。但对那些真正热爱联邦的人，我不可以讲几句吗？

在我们着手研究如此严重的一件事情之前，那就是要把我们的国家组织连同它的一切利益，一切记忆和一切希望全给消灭掉，难道明智的做法不是先仔细研究一下那样做究竟是为了什么？当事实上极有可能你企图逃避的祸害并不存在的时候，你还会不顾一切采取那种贻害无穷的步骤吗？或者你要逃避的灾祸虽确实存在，而在你逃往的地方却有更大的灾祸在等着你，那你会往那里逃吗？你会冒险犯下如此可怕的一个错误吗？

大家都说，如果宪法中所规定的一切权利都确实得到执行，那他也就会留在联邦里。那么，真有什么如宪法明文规定的权利被否定了吗？我想没有。很幸运，人的头脑是这样构造出来的，没有一个党敢于如此冒天下之大不韪。如果可能，请你们讲出一个实例来，说明有什么宪法中明文规定的条款是没有得到执行的。如果多数派完全靠人数上的优势，剥夺掉少数派在宪法上明文规定的权利，这件事从道义的角度来看，也许可以说革命是正当的，如果被剥夺的是极为重要的权利，那革命无疑是合理的。但我们的情况却并非如此。少数派和个人的一切重要权利，在宪法中，通过肯定和否定、保证和禁令；都一一向他们作了明确保证，以至于这类问题，从来也没有引起过争论。但是，在制定基本法时却不可能对实际工作中出现的任何问题，都一一写下可以立即加以应用的条文。再高明的预见也不可能料定未来的一切，任何长度适当的文件也不可能包容下针对一切可能发生的问题的条文。逃避劳役的人到底应该由联邦政府交还还是由州政府交还呢？宪法上没有具体规定。国会可以在这里禁止奴隶制吗？宪法没有具体规定。国会必须保护这里的奴隶制吗？宪法也没有具体规定。

从这类问题中引出了我们对宪法问题的争端，并因这类问题使我们分成了多数派和少数派。如果少数派不肯默认，多数派便必须默认，否则政府便只好停止工作了。再没有任何别的路可走。要让政府继续行使职权，便必须要这一方或那一方默认。

在这种情况下，如果一个少数派宁可脱离也决不默认，那他们也就开创将来必会使他们分裂和毁灭的先例。因为，当多数派拒绝接受这样一个少数派的控制的时候，他们中的少数派便必会从他们之中再脱离出去。比如说，一个新的联盟的任何一部分，在一两年之后，为什么就不会像现在的联邦中的一些部分坚决要脱离出去一样，执意要从那个新联盟中脱离出去。所有怀着分裂联邦思想的人现在都正接受着分裂思想的教育。

难道要组成一个新联邦的州，它们的利益竟会是那样完全一致，它们只会有和谐，而不会再出现脱离行动吗？

非常清楚，脱离的中心思想实质就是无政府主义。一个受着宪法的检查和限制的约束，总是随着大众意见和情绪的慎重变化而及时改变的多数派，是自由人民的唯一真正的统治者。谁要想排斥他们，便必然走向无政府主义或专制主义。完全一致是根本不可能的。把少数派的统治作为一种长期安排是完全不能接受的，所以，一旦排斥了多数原则，剩下的便只有某种形式的无政府主义或某种专制主义了。

我没有忘记某些人的说法，认为宪法问题应该由最高法院来裁决。我也不否认这种裁决，在任何情况下，对诉讼各方，以及诉讼目的，完全具有约束力，而且在类似的情况中，应受到政府的一切其他部门高度的尊重和重视。尽管非常明显，这类裁决在某一特定案例中都很可能会是错误的，然而，这样随之而来的恶果总只限于该特定案件，同时裁决还有机会被驳回，不致成为以后判案的先例，那这种过失比起其他的过失来当然更让人容易忍受。同时，正直的公民必须承认，如果政府在有关全体人民利害的重大问题的政策，都得由最高法院的裁决做出决定，那一旦对个人之间的一般诉讼做出裁决时，人民便已不再是自己的主人，而达到了将他们的政府交给那个高于一切的法庭的地步了。我决无意是对法院或法官表示不满。一件案子按正常程序送到他们面前，对它做出正当裁决，是他们不可推卸的责任。如果别的人硬要把他们的判决用来达到政治目的，那并不是他们的过错。

我国有一部分人相信奴隶制是正确的，应该扩展，而另一部分人又相信它是错误的，不应该扩展。这是唯一的实质性的争执，宪法中有关逃亡奴隶的条款，以及制止对外奴隶贸易的法律，在一个人民的道德观念并不支持该法的社会里，它们的执行情况也许不次于任何一项法律所能达到的程度。在两种情况下，绝大多数的人都遵守枯燥乏味的法律义务，但又都有少数人不听那一套。关于这一点，我想，要彻底解决是根本不可能的。如果地区分离以后，情况只会更坏。对外奴隶贸易现在并未能完全加以禁止，最后在一个地区中必将全面恢复；对于逃亡奴隶，在另一个地区，现在送回的只是一部分，将来会完全不肯交出来了。

就自然条件而言，我们是不能分离的。我们决不能把我们的各个地区相互搬开，也不可能在它们之间修建起一道无法逾越的高墙。一对夫妻可以离婚，各走各的路，彼此再不见面；但我们国家的各部分可无法这么办。它们只能面对面相处，无论友好或仇视，他们仍必须彼此继续交往。我们能有任何办法使得这种交往在分离之后比分离之前更为有利或更为令人满意吗？难道在外人之间订立条约，比在朋友之间制定法律还更为容易吗？难道在外人之间履行条约比在朋友之间按法律办事还更忠实吗？就算你们决定战争，你们总不能永远打下去吧。最后当两败俱伤而双方都一无所获时，你们停止战斗，那时依照什么条件相互交往，这同一个老问题仍会照样摆在你们面前了。

这个国家，连同它的各种机构都属于居住在这里的人民。任何时候，他们对现存政府感到厌倦了，他们可以行使他们改革政府的宪法权利，或者行使他们的革命权利解散它或者推翻它。我当然知道，现在就有许多尊贵的、爱国的公民急于想修订我们的宪法。尽管我自己不会那么建议，我却也完全承认他们在这个问题上的合法权利，承认他们可以按照宪法所规定的两种方式中的任何一种来行使这种权利；而且，在目前情况下，我不但不反对，而倒是赞成给人民一个公正的机会让他们去行动。我还不禁要补充一点，在我看来，采取举行会议的方式似乎更好一些，这样可以使修订方案完全由人民自己提出，而不是只让他们去接受或拒绝一些并非特别为此目的而选出的一些人提出的方案，因为也可能那些方案恰恰并不是他们愿意接受或拒绝的。我了解到现在已有人提出一项宪法修正案——这修正案我并没有看到，但在国会中已经通过了，大意说，联邦政府将永远不再干涉各州内部制度，包括那些应服劳役者的问题。为了使我讲的话不致被误解，我现在改变我不谈具体修正案的原来的打算，明确声明，这样一个条款，既然现在可能列入宪法，我不反对使它成为明确而不可改动的条文。

合众国总统的一切权威都来之于人民，人民并没有授予他规定条件让各州脱离出去的权力。人民自己如果要那样干，那自然也是可以的，可是现在的行政当局不能这样做。他的职责，是按照他接任时的样子管理这个政府，然后毫无损伤地再移交给他的继任者。

我们为什么不能耐心地坚决相信人民的最终的公道呢？难道在整个世界上还有什么更好的，或与之相等的希望吗？在我们今天的分歧中，难道双方不都是认为自己正确吗？如果国家的全能统治者，以他的永恒的真理和公正，站在你们北方一边，或你们南方一边，那么，依照美国人民这一伟大法官的判决，真理和公正必将胜利。

按照目前我们生活其下的现政府的构架，我国人民十分明智，授予他们的公仆胡作非为的权力是微乎其微的；而且同样还十分明智地规定，即使那点微乎其微的权力，经过很短一段时间后，就必须收回到他们自己手中。由于人民保持他们的纯正和警惕，任何行政当局，在短短的四年之中，也不可能用极其恶劣或愚蠢的行为对这个政府造成严重的损害。

我的同胞们，请大家对这整个问题平心静气地好好想一想，真正有价值的东西是不会因从容从事而丧失的。如果有个什么目标使你迫不及待地要取得它，你采取的步骤是在审慎考虑的情况下不会采取的，那个目标的确可能会由于你的仓促决定而达不到；但一个真正好的目标是不会因为从容从事而失去的。你们中现在感到不满的人，仍然必须遵守原封未动的老宪法，在这个敏感的问题上，仍然有根据宪法制定的法律。而对此二者，新政府即使想要加以改变，它自身现在也无此权力。即使承认你们那些心怀不满的人在这一争执中站在正确的一边，那也丝毫没有正当的理由要采取贸然行动。明智、爱国主义、基督教精神，以及对从未抛弃过这片得天独厚的土地的上帝的依赖，仍然完全能够以最理想的方式来解决我们当前的一切困难。

决定内战这个重大问题的是你们，我的心怀不满的同胞们，而并非决定于我。政府决不会攻击你们。只要你们自己不当侵略者，就不会发生冲突。你们并没有对天发誓必须毁灭这个政府，而我却曾无比庄严地宣誓，一定要"保持、保护和保卫"这个政府。

　　我真不想就此结束我的讲话，我们不是敌人，而是朋友。我们决不能成为敌人。尽管目前的情绪有些紧张，但决不能容许它使我们之间的亲密情感纽带破裂。回忆的神秘琴弦，在整个这片辽阔的土地上，从每一个战场，每一个爱国志士的坟墓，延伸到每一颗跳动的心和每一个家庭，它有一天会被我们的良知所触动，再次奏出联邦合唱曲。

23. 解放黑人奴隶宣言
（1863）

【在林肯发表引用在此文献开端的初步宣言之前，维护联邦统一之战已持续进行了一年半。1863 年 1 月 1 日发布的解放黑人奴隶宣言，扩大了争端基础。以外来国家的角度来看，在道德与政治层面上给北方带来了优势。】

1862 年 9 月 22 日，联邦总统已经公布了一项宣言，包含如下内容，即：

自 1863 年 1 月 1 日起，任何一州内指定地区要是仍蓄有奴隶，当地人们将视为反叛合众国政府。一切被蓄为奴的人应该获得自由，并永享自由。合众国政府，包括陆海军当局，承认并维护上述人员之自由。对于此种人或其中任何一人为争取自由而作努力，不采取任何压制行动。

从上述的 1 月 1 日起，总统将认定并宣布那些为反叛合众国政府的州或州内地区。其他各州及当地人民如于该日确有由该州多数合格选民选出的代表真诚地参加合众国国会，若没有其他有力之反证，该州及其人民将被确认为不反叛合众国政府。

因此，我，合众国总统亚伯拉罕·林肯，在合众国政府及其权威受到武装叛乱反对时期，依据合众国陆海军总司令职权，为剿灭上述叛乱而采取适当与必需的军事手段，在 1863 年 1 月 1 日，于上次为此目的而发表之宣言满一百日之际，正式宣布并认定下列各州、州内地区及其人民反叛合众国政府，即：

阿肯色州、得克萨斯州、路易斯安那州（以下除外：圣佰纳、帕拉奎明斯、杰弗逊、圣约翰、圣查理士、圣詹姆士、阿克森、阿森姆逊、特里本、拉孚切、圣玛丽、圣马丁和奥尔良各教区、新奥尔良市）、密西西比州、亚拉巴马州、佛罗里达州、佐治亚州、南卡罗来纳州、北卡罗来纳州及弗吉尼亚州（除指定为西弗吉尼亚的 48 个县及其柏克莱、阿康马克、诺斯汉姆顿、伊丽莎白市、约克、安公主与诺福克，包括诺福克市及朴次茅斯市）。明确规定，对上述除外的各地区目前保持本宣言公布之原状。

根据上述目的及我有之权力，我正式命令并宣布，在上述指明的各州及州内地区，所有被蓄为了奴隶的人，从现在起，获得自由，并永享自由；合众国政府，包括其陆海军当局，承认及维护上述人员之自由。

我在此责成上述宣告获得自由之人员，除必要的自卫，应该避免使用任何暴力；同时劝告他们，如果条件允许，在任何情况下都应该忠实工作，取得合理的薪金。

我还要宣布，上述人员如条件符合，可为了合众国征集入伍及警卫堡垒要塞、据点兵站及其他地方，亦可在各种军舰上服务。

我真诚地认为，这是一个正义的行动，此行动由于是军事之必须，为宪法所认可。我要求人类判断此行动时予以谅解，请求全能上帝慈悲赐福。

众人为鉴，我现在执起手在此宣言署上合众国政府印章。

宣于 1863 年 1 月 1 日，美利坚合众国独立 87 年。

亚伯拉罕·林肯 总统

威廉·亨利·西沃德 国务卿

24. 林肯的葛底斯堡演说
（1863）

【1863 年 11 月 19 日，葛底斯堡战场的一部分被指定为国家公墓，为在那里阵亡的士兵们竖立起纪念碑。整个仪式由爱德华·埃弗雷特主持，在仪式结束时林肯在现场发表了这篇最意味深长和最雄辩的演讲词。】

87 年以前，我们的祖先在这片大陆上建立了一个新的国家，它孕育于自由之中，并且奉行所有人生来平等的信念。

当前，我们正在从事一场伟大的内战，以考验这个国家，或者任何一个孕育于自由和奉行上述原则的国家是否能够长久存在下去。我们在这场战争中的一个伟大战场上集会。烈士们为使这个国家能够生存下去而献出了自己的生命，我们来到这里，是要把这个战场的一部分奉献给他们作为最后安息之所。我们这样做是完全应该而且非常恰当的。但是，从更广泛的意义上说，我们不能够奉献、不能够圣化、不能够神化这片土地。那些曾在这里战斗过的勇士们，活着的和去世的，已经把这块土地圣化了，这远不是我们微薄的力量所能增减的。我们今天在这里所说的话，全世界不大会注意，也不会长久地记住，但勇士们在这里所做过的事，全世界却永远不会忘记。相反，倒是我们这些还活着的人，应该献身于那些曾在此作战的人们所英勇推动而尚未完成的工作。我们应该在此献身于我们面前所留存的伟大工作——由于他们的光荣牺牲，我们要更坚定地致力于他们曾做最后全部贡献而献身的那个事业。我们在此立志宣誓，不能让他们白白死去，要使这个国家在上帝的庇佑之下，得到新生的自由，要使这个民有、民治、民享的政府永世长存。

25. 大赦宣言

（1863）

【大赦宣言生动地揭示了林肯如果还活着，尝试解决重建问题所遵循的方针路线。其主要思想是在每个州建立忠于联邦的政党，然后由这些政党尽快地恢复和建立各州政府。】

鉴于美国宪法的规定，美国总统"除了受到弹劾的情况之外，有权对那些违反美国宪法的罪犯进行缓刑或赦免"。

尽管长时间以来，不少州的州政府忠诚地保护我们的国家不被破坏，叛乱行为仍然普遍存在，很多人曾经触犯过叛国罪或正在实施这样的行为。

针对前面提到反叛及叛国等罪行，国会已经颁布法律，宣布没收犯罪分子的个人财产充公，解放奴隶。所有法律条款明确规定，在法律条文颁布之后，总统得到授权，在特殊情况下，非常时期及非常条件下，只要是他认为有利于社会公益的做法，总统就可以对参与各州或个别地区的反叛行为进行赦免。

对于那些受到限制的，依据具体条件而定的赦免行为，国会宣言对赦免权利提供了完善的司法阐述。

针对上面提及的反叛行为，美国总统已经签署了几份有关奴隶解放的声明。

以前那些参与上述叛乱行为的人希望他们能够有机会恢复对合众国的忠诚，恢复他们对各自州政府的忠诚：

因此——

我，亚伯拉罕·林肯，美利坚合众国的总统，现在明确宣告并郑重声明，对那些曾参加过叛乱而现在宣誓忠于合众国及其所有法律和有关奴隶制宣言的人，实行"全部赦免"并恢复其"除奴隶外"的全部财产，就财产而言，第三方党派如果参与，在这种情况下，每个人都要宣誓并保证坚守誓言不受侵犯。此类誓言应该注册在案并坚持到底，而且要体现如下的宗旨与影响，即：

> "我，亚伯拉罕·林肯，美利坚合众国的总统，在无所不能的上帝面前庄严宣誓，从此以后，我要忠诚地支持、维护、捍卫合众国宪法及其缔造的联邦政府；同样，我将严格遵守并忠诚支持国会在现行叛乱期间所通过的关于努力解放的全部法律或宣言，只要到目前为止没有被国会废除、修改或宣布无效，或是最高法院的决议；同样的，我将会严格遵守并衷心支持总统在现行叛乱期间所做的与奴隶相关的所有的宣言，只要到目前为止没有被最高法院修改过或者宣布无效的。所以，愿上帝助我。"

免除上述条款规定享有利益的那些人都是或将会成为我们所谓的联邦政府的市民或外交官员；所有脱离美国司法体系而支持叛乱的人，所有现在已经成为或即将成为上述联邦政府军队或海军军官，而且军衔为陆军上校或海军中尉以上之人；所有脱离美国议会席位支持叛乱之人；所有辞去美国陆军或海军委员职务后支持叛乱之人；所有以任何方式参与虐待遭受指控成为战犯的黑人或白人者，这些人可能生活在美国，以士兵、水手或其他身份为美国服务。

我进一步声明，宣布并澄清一点，无论何时，在阿肯色州、得克萨斯州、路易斯安那州、密西西比州、田纳西州、亚拉巴马州、佐治亚州、佛罗里达州、南加利福尼亚州及北加利福尼亚州中的任何一州，只要人数达到居住地区选民的十分之一，从1860年开始，每个州都应宣誓遵守上面提到的誓言，在所谓的脱离联邦的行为面前，应该成为一名符合各州选举法规定的合格选民，所有公民都应致力于重建一个共和政体的国家政府，不能违背上述誓言，这样才能成为真正的国家政府，国家亦会获益于宪法法案，因为法案宣布"合众国应该保证联邦各州建立一个共和政府，应该保护各州不受侵略；保证在国家出现暴力事件时法律的应用及具体执行（在州议会不能召集的情况下）"。

我进一步声明，宣布并澄清一点，由国家政府采用的任何与国内自由人相关的法律条款，都应该承认并宣布他们的永久自由，给他们提供受教育的机会，对那些靠劳动为生，失去土地及无家可归之人，对他们目前的临时安排要符合其自身的情况，不应受到国家行政的反对。

建议在各州都建立一个忠诚的州政府，各州的名称、区域界线、区域内部的详细划分、州宪法以及一般法律规等，应像国家分裂之前那样加以保留，但是应当根据各州的具体情况加以适当修改，而且这些内容都不应违反上述条件，这些做法可以看作是新政府建立过程中的权宜之计。

为了避免造成误解，可以恰当地说这项公告只要与州政府相关，就不是指那些一直以来忠诚的州政府所保持的状态。而且，由于同样的原因，可以进一步说，无论各州选出加入议会的议员是否能够取得合法席位，还是专门属于议会的上下两院，他们都和执行机构没有直接关系。而且，在国家机关不能正常行使其功能，或忠诚的州政府被颠覆时，这份公告旨在代表各州人民的意愿，可以尝试建立一种新的模式，在这种新型模式下，国家机关或州政府可以在上述相关各州加以重建。而且，尽管这种模式是执行机构目前状态下能够建议的最好模式，但是我们也一定要清楚其他模式不是不可以接受的。

1863 年 12 月 8 日，美利坚合众国独立 88 周年之际，亲手签署于华盛顿市。

亚伯拉罕·林肯

封印

26. 林肯写给比克斯比夫人的信
（1864）

1864 年 11 月 21 日，华盛顿，白宫

致马萨诸塞州波士顿的比克斯比夫人：

亲爱的夫人：

我看到了一份由马萨诸塞州参谋主任委托国防部递交的报告，得知您就是在战场上光荣牺牲的五兄弟的母亲。我深知任何语言也无法解脱如此巨大的损失带给你的悲痛，但我抑制不住。我要向您表示我忠心的慰问，以及他们为之捐躯的国家对您的感激之情。我恳求上帝抚平您失去爱子的哀伤，心中留下对英烈们珍贵的记忆，以及您当之无愧的为自由而奉献的神圣的自豪感。

您最最忠诚的：亚伯拉罕·林肯

27. 李将军的投降条款

（1865）

【下面是两封格兰特与李两位将军相互交换的信件，根据信中所述条款，李将军率军投降，并由此结束了历时4年的南北战争。】

弗吉尼亚，阿波马托克斯法院大楼

1865年4月9日

"将军阁下：按照8日我给你的书信内容，我决定接受北弗吉尼亚军队的投降要求，条件如下，即：所有军官和士兵的名单要一式两份，一份交给我指派的一名军官，另一份交给你指派的军官保存。军官及士兵们不得重新拿起武器反对合众国政府，每一名中队或团指挥官要为他所领导的士兵签署一份类似的投降议定书。武器、大炮及公共财产等要统一上交并集中在一起后交由我指派的北方军军官接管。这不包括军官身上佩带的私人武器，也不包括他们的私人马匹及行李。投降之后，所有将士都可以返回家园，只要遵守投降议定书里的规定，遵守当地的法律，就不会受到政府的骚扰。"

合众国中将，格兰特

罗伯特·李将军

北弗吉尼亚军总部

1865 年 4 月 9 日

"将军阁下：我接受你在信中提到的北弗吉尼亚军队的投降条款。因为这些内容与你在 8 日信中所提内容基本一致，所以，我们无条件接受。接下来，我会指派合适的军官来监督这些规定具体落实。"

罗伯特·李将军

合众国中将，格兰特

28. 李将军告别军队
（1865）

北弗吉尼亚军队总部

1865 年 4 月 10 日

经过四年的艰苦奋斗，北方军队展示了无与伦比的勇气与毅力，但终究因数量上的巨大差距和资源的极度匮乏而被迫投降。我无须向那些幸存者们描述数量繁多的艰苦卓绝的战斗，战士们艰苦奋战，拼至最后时刻，现在我赞成这种结局并非是不信任他们。因我认为英勇与牺牲不能补偿继续作战所遭到的损失，才决定使战功卓著受人敬爱的人不再做无谓的牺牲。孩子们，我已经为你们争取到最好的条件，按照这份协议上面的条款，军官及士兵能够重返家园，安享晚年。回家吧，你们都是好士兵，如果你们也想成为一个好公民的话，你们一定能够做到，你们会为你们身上曾经肩负的责任感而感到自豪，我真诚地祈求仁慈的上帝能给你们祝福和保护。你们对于国家的坚定不移的信念及忠诚之心，我向来为你们感到骄傲，你们对我善意、无私的照顾与关心，我将永记于心。在此，我向大家深情告别。再见了，孩子们，愿上帝保佑你们。

罗伯特·李将军

29. 林肯第二次就职演说
（1865）

【林肯第二次就职时，战争的浪潮已经偏向北方联军的方向，战争即将结束。然而，林肯演讲的语气却异常温和，而非那种成功后的扬扬得意，演讲铿锵有力、抑扬顿挫，既有温和的一面，又有刚毅坚决的一面。】

同胞们：

在第二次宣誓就职总统的时候，我不必像第一次那样做长篇的演讲了。第一次就职典礼上，较为详尽地叙述我们要采取的方针和道路，看来是合适与恰当的。现在，在我的4年任期结束之时，有关这场至今仍为举国瞩目与致力的大斗争的每个方面，时时有公开的宣告，因此没有新的内容向各位奉告了。我们的一切都依靠武装力量，这方面的进展，大家知道得和我一样清楚。我相信，大家对此颇感满意和鼓舞。我们对未来抱有很大希望，在军事方面就毋庸多作预测。

4年前我初次就职之际，全国思虑都集中在即将爆发的内战之上。大家对内战都怀有恐惧，都设法避免这场内战的发生。当时我在这个讲坛上发表的就职演说，全部内容就是为了不战而拯救联邦。当时城里的叛逆分子却企图不用战争而摧毁联邦，企图通过谈判来瓦解联邦，瓜分国家所有。双方都反对战争，但其中一方却宁愿战争也不愿联邦毁灭，于是内战爆发。

我国黑奴占人口1/8，他们不是普遍分布于全国各地，而是集中在南部。这些黑奴，构成一种特殊而重要的利益。尽人皆知，这种利益迟早会成为战争的起因。叛逆分子不惜发动战争分裂联邦，以达到增大、扩展这种利益、使之永存的目的，政府却除去要求将奴隶制限于原来区域，不使扩大之外，不要求其他任何权利，双方都不曾预料到战争会有这样大的规模，持续这样久，不曾预料到引起冲突的原因在冲突停止前会消失。双方都寻求轻而易举的胜利，不求彻底或惊人的结果。双方信奉同一宗教。敬拜同一上帝，都诉求上帝帮助战胜对方。说来奇怪，竟有人敢于要求公正的上帝帮助自己去榨取别人的血汗，但我们不要去品评他人吧，以免受到别人的评论。双方的祈求都不应得到满足，也没有任何一方得到完全的满足，因为全能的上帝自有主张。"祸哉斯世，以其陷入故也，夫陷人于罪，事所必有，但陷人祸矣。"如果我们把美国的奴隶制当成是上帝必定要降给我们的灾祸，这灾祸已经到了上帝指定期限，他现在要免去这场灾祸了。他把这场可怕的战争降给南北双方，是要惩罚那些带来灾祸的人。笃信耶稣基督的人常把许多美德归于基督，我们难道可以说基督的这些作为，与他的美德相悖吗？我们满怀希望，我们热诚祈祷，愿这场惩罚我们的战争早日过去；但假若天意要这场战争延续下去，直至250年来利用奴隶无偿劳动辛苦积聚下来的财富销毁净尽，直至奴隶在皮鞭下流淌的鲜血用刀剑下的鲜血来偿清，如同三千年前古语所说的那样，我们仍然要称颂上帝的判决是公允合理的。

我们对任何人不怀恶意，对所有人都抱有善心，对上帝使我们认识到的正义无限坚定。让我们努力完成我们正在进行的工作，愈合国家的战争伤痕，关怀战死的烈士及其遗属，尽一切力量争得并维护我国及全世界的正义的、持久的和平。

30. 宣布起义结束的声明
（1866）

【1865 年 5 月 10 日，约翰逊总统的宣言，标志着南北双方敌对状况的真正结束；1866 年 4 月 2 日的宣言，标志着除得克萨斯州外所有州的叛乱结束；1866 年 8 月 20 日的宣言，表明了之前脱离国家的各地方政府又重新回到中央政府的管辖之内。】

鉴于 1861 年 4 月 15 日及 19 日的宣言，美利坚合众国的总统享有美国宪法及法律所赋予的权力，如果在南卡罗来纳州、佐治亚州、亚拉巴马州、佛罗里达州、密西西比州、路易斯安那州及得克萨斯州等州的法律在遇到阻碍时，总统有权宣布反对该法律在上述各州的执行，可以凌驾于普通的司法诉讼程序或执法官的权力之上。

鉴于同年 8 月 16 日所做的另一份宣言，并于 1861 年 7 月 13 日经国会法案批准，佐治亚州、南卡罗来纳州、弗吉尼亚州、北卡罗来纳州、田纳西州、亚拉巴马州、路易斯安那州、得克萨斯州、阿肯色州、密西西比州及佛罗里达州的居民（除了弗吉尼亚州阿勒格尼山脉以西地区的居民，也除了该州其他地区的居民及上述各州，这些地区可以效忠联邦及州宪法，抑或定期地驱散由美国武装力量占据及控制地区的反叛人员）被宣布仍然处于反对美国的叛乱状态。

鉴于 1862 年 7 月 1 日所做的另一份宣言，此宣言规定履行同年 6 月 7 日国会所签署批准的一项法案，同时宣布在上述各州仍然存在叛乱行为，除了弗吉尼亚州的某些特定地区之外。

鉴于 1863 年 4 月 2 日所做的另一份宣言，即废除"履行 1861 年 7 月 13 日国会通过的一项法案"，除了 1861 年 8 月 16 日宣言中所提到的例外地区以外，佐治亚州、南卡罗来纳州、北卡罗来纳州、田纳西州、亚拉巴马州、路易斯安那州、得克萨斯州、阿肯色州、密西西比州、佛罗里达州以及弗吉尼亚州的所有居民（除了被指定为西弗吉尼亚州的弗吉尼亚州 48 个郡县及北卡罗来纳州的新奥尔良港、基韦斯特港、皇家港和博福特港外）被宣布仍然处于反对美国的叛乱状态。

鉴于 1863 年 9 月 15 日所做的另一份宣言，该宣言规定履行 1863 年 3 月 3 日批准的一项国会法案，宣言认为叛乱行为仍然存在，规定暂停美国境内某些特殊情况下的人身保护令特权，叛乱期间继续执行上述暂停规定，直至美国总统后来签署文件修改或废除上述宣言之前。

鉴于 1861 年 7 月 22 日美国众议院所批准采纳的一项决议，决议内容如下：

经由美国国会众议院决议认为，由于南部各州分离主义者反对立宪政体，武装包围议会大厦而使整个国家现在处于可悲的内战之中；在这国家危难的紧急时刻，国会应当摒弃所有激进或怨恨情绪，承担起整个国家的职责；本次战争并非是因反对我们所受精神压迫而起，亦不是反对任何外来征服或镇压行为而起，无意推翻或干涉各州所建机构的权利；而是捍卫和维护宪法至高无上的权利，维护联邦的完整，从而使各州的尊严、平等及权利不受侵害。只要实现这些目标，战争就应该停止下来。

根据 1861 年 7 月 25 日参议院所批准采纳的决议，决议内容如下：

决议认为，由于南部各州分离主义者反对立宪政体，武装包围议会大厦而使整个国家现在处于可悲的内战之中；在这国家危难的紧急时刻，国会应当摒弃所有激进或怨恨情绪，承担起整个国家的职责；本次战争并非是因反对我们所受精神压迫而起，亦不是反对任何外来征服或镇压行为而起，无意推翻或干涉各州所建机构的权利；而是捍卫和维护宪法之至高无上的权利，维护联邦的完整，从而使各州的尊严、平等及权利不受侵害。只要实现这些目标，战争就应该停止下来。

尽管在形式上这些决议的内容并无太大关联，但在本质上其实是基本相同的，而且迄今为止，这些决议被认为是表达了国会针对其所属民众的观念。

根据 1865 年 6 月 13 日宣言内容，美国总统宣布田纳西州的叛乱行为已经被镇压，美国政府的权威是不容置疑的，被任命的美国政府官员可以不受影响地实施宪法赋予的行政职能。

根据 1866 年 4 月 2 日所签发的另一份宣言内容，美国总统发布声明宣布说，那些被误导的公民或者任何一州或上述提到的所有州中针对美国当局的所有抵抗行为都已经不复存在，除了唯一的得克萨斯州外。同时，还进一步声明说，除得克萨斯州外，在上述所说的各州，可由相关行政当局，各州或联邦政府维护并实施宪法。在除得克萨斯州外上述各州的人民已经得到很好的安排，根据他们的立法规定，他们都已遵守或即将遵守美国宪法修正草案所规定的具体要求，在美国管辖范围内废除奴隶制度。

同一份宣言还进一步明确说明，各州的美国人民都无权出于自己的意愿脱离或被脱离美国联邦。因此，各州都应按照规定，构成完整的联邦政府的一个组成部分。

同一份最后提到的宣言还进一步宣布，除得克萨斯州外，前面提到的各州按照上述方式给予他们所默认的这个主权国家以充分证据以及国家统一的重要决议。

根据同一份宣言内容，美国总统进一步宣布，对那些曾经反叛过这个国家并被挫败和征服的人，务必要处理得当，促使其自觉地成为我们的朋友，否则的话，就一定要通过绝对的军事力量进行镇压，防止他们再次成为伤害我们的敌人，最后提到的政策从本质上来说是与人类及自由相悖的，是我们所不愿看到的。

根据总统在同一份宣言中所做的进一步声明，合众国宪法规定的组成团体必须是以各州的形式，而不是领土依附，大行政区或受保护国的形式。

根据宪法及美国政府的法律，构成联邦的各州之间一定要相互平等，享有平等的政治豁免权，享受平等的尊严和权力。

还进一步宣布，奉行政治平等，作为权利与正义的原则，旨在鼓励除得克萨斯州外的上述各州人民变得更加坚定和对宪法的忠诚。

总统还进一步宣布，常规军、军事占领、军事法律、军事法庭以及人身保护令的禁止等在和平时期会危害公众的自由，与公民的个人权利不相容，与我们的自由制度精神相反，会造成国家资源的枯竭，所以，不应该被批准承认，除非在抗击侵略及平定暴乱和镇压反叛的实际需要情况下才可如此。

在同一份宣言中，美国总统进一步宣布，从起义之初到推翻殖民统治再到后来的镇压叛乱行为，美国政府的政策一直都遵循着上述最后宣言的原则。

按照上述 1865 年 6 月 13 日宣言的内容，根据之前陈述及列举的情况，总统宣布说可以认为除得克萨斯州外前面所述各州的叛乱行为已经结束。

随后的 1866 年 4 月 2 日，得克萨斯州所有地区的叛乱行为都被彻底镇压而结束，美国政府的权威在得克萨斯州最终成功建立起来，至今仍然保持独立状态而无可非议，那些被正式任命的美国政府官员可以不受影响地在上述各州的范围内实施宪法赋予的行政职能。

根据宣言内容，在得克萨斯州，由相关行政当局，各州或联邦政府维护并实施宪法。得克萨斯州的人民，与前面所述其他各州的人民一样已经得到很好的安排，根据他们的立法规定，他们都已遵守或即将遵守美国宪法修正草案所规定的具体要求，在美国管辖范围内废除奴隶制度。

对于特殊命名的各州提出的相关的理由及结论现在同样适用于得克萨斯州的所有方面，也同样适用于曾经参与叛乱的其他各州。

军事命令已经制定了适当条款以保证国会法案的实施，协助政府当局，并确保在得克萨斯州范围内遵守美国宪法及法律的规定，如果为了实现这个目的，在必要时可以诉诸武力。

因此现在，我，美国总统安德鲁·约翰逊，特此声明宣布此前得克萨斯州的叛乱行为已经结束。此后，根据 1866 年 4 月 2 日宣言的具体内容，得克萨斯州将和其他前面所述各州一样，曾经的叛乱行为都将宣告结束。

这里我进一步宣布，上述叛乱行为已经结束，现在整个美国境内到处都是和平、秩序、宁静以及政府当局的管理。

特此作证，我亲手加盖美国印章。

【印章】封印于华盛顿市，公元 1866 年 8 月 20 日，美利坚合众国独立第 91 年。

美国总统：安德鲁·约翰逊

国务卿：威廉·亨利·西沃德

31. 美俄条约（阿拉斯加购买案）
（1867）

【被俄国侵扰的风险是引起门罗总统发表官方讲话并使门罗主义出现的诱因之一。他的宣言发表之后，俄国停止了扩大在大西洋海岸影响力的企图，变得十分乐意处理阿拉斯加的所属权，俄国认为很难去说明对阿拉斯加的掌控权，阿拉斯加于1867年10月18日正式被转让。】

1867年3月30日在华盛顿，由美国联邦政府和俄国沙皇签署的国际公约，俄国决定割让在北美的殖民地给美国联邦政府，1867年4月9日条约由参议院正式批准通过，1867年5月28日由总统批准，同年6月20日在华盛顿正式批准交换公约并发表声明。美国联邦和俄国沙皇都渴望双方保持稳定的状态，如有可能的话，两国之间将达成很好的和解。基于此被委任的全权公使，美国国务卿——威廉·亨利·西沃德和俄国沙皇的私人顾问爱德华·斯沃克，特派公使和全权公使到美国。

条款 1

据全权公使所言，席间以适当形式交换了全部权利，双方已经达成一致并签署了下列条款。

条例 1　俄国沙皇同意以公约形式割让给美国，一旦关于交换领土正式被批准，沙皇目前在美洲大陆及邻近岛屿拥有的全部领土和主权将转让。同样包括设置的地理限制以内，明智地说，东边的界线是俄国和英国在北美的殖民地，正如俄国与英国建立的国际公约，以及在第三和第四条款所描述的。

条例 2　大致从坐落于北纬 54°40′的威尔士王子岛最南方开始。

在西经 131°和 133°之间（格林尼治的子午线），这条线会追溯到北部沿岸一个叫贝特兰的海峡。就北纬 56°的大陆而言，最后所提及的观点划分将会服从于最高会议。就与西经 141°存有交集这一观点而言，141°子午线的延伸部分是一个叫威尔士的贵族的岛屿，它将会完全地属于俄罗斯（现在割让给美国），山峰的顶端将会朝着平行于海峡的方向扩展。北经 56°与西经 141°交集处有 10 个船舶联盟。在英国领土和属于俄罗斯海峡路线的界线（也就是说有关领土界线在这次谈话中会被割让）将会由平行于弯曲海峡的路线组成。运输路线将穿过平行于北经 65°30′的海峡等。因此，通过相关协议，包括阿留申群岛的整块领土和领土主权进行了转让。上述的文件包括政府档案文件和相关领土公文以及领土主权的支配问题。

条款 2

在之前的条款中，涉及到领土和主权转让方面的事宜包括公共空间、广场、空地以及所有公共建筑、防御设施、兵营与非私有领域的财产所有权问题。但是，俄方政府已经在所割让的领土上建起了教会，同时对生活在这片土地的希腊正教的居民予以宗教选择权，以上两方面做法是可以被理解，并达成一致的。任何涉及到领土和主权的政府性档案、文件都现存于此，它们的副本也保留在作为代理的美国手中。对于美国来说，这样的一份经过认证过的副本如果俄方需要的话，是可以随时交予俄方政府的。

条款 3

居民根据他们的选择割让领土，同时保持着他们天生的忠诚，他们也许会在 3 年之内返回到俄国，在割让的领土上，如果他们喜欢居留于此，除了不文明的当地部落，他们会被允许享受所有的权利，以及同美国居民一样的豁免权，同时享有保持享受自由的权利和宗教信仰权，这种权利也被保护着。不文明部落受法律和规则的管制，因为美国会时不时地接受关于被割让土地方的土著部落。

条款 4

对于所有俄国人的君主来说，他的威严应该是将便利布施给他的代理人，为了使这种授权的形式变得正式，他委派了一些代表来作为美国领土、主权、所有权及自由管理者。

条款 5

当附属领地被割让时，如上的行为就显得尤为重要了。是什么导致割让呢？权利的被占有。不过，这个权利会被认为是完整的和带有专制色彩的交流。在非正式的公约批准书得到交换后，任何防御工事或军事岗位抑或是将割让的领土递送给美国代理商时，俄国将会撤退，批准书也很快就为方便清理掉了诸多障碍。

条款 6

鉴于上述的转让问题，美国同意在华盛顿的财政部进行支付，同时在 10 个月之内的交流大会之后，俄国君主的权力也经过授权的形式移交给了代表或其他代理人。

条款 7

就在这份法案即将得到美国总统通过之时，国会提出了相关的意见，他们认为俄国的君主应该在 3 个月内尽快地在华盛顿与美国达成协议。

最终，双方的大使签署了这份法案，并签字、盖章。

此事完成于 1867 年 3 月 30 日，华盛顿

威廉·亨利·西沃德【盖章】

爱德华·斯沃克【盖章】

32. 夏威夷群岛的并购案
（1898）

【李柳欧卡拉尼——夏威夷岛的女王，在 1893 年企图引进一种比先前更能够让岛屿政府有效控制的宪法。但这种想法没有成行，女王被迫退位。在火奴鲁鲁的外国人建立了一个临时政府，想要把夏威夷通过谈判合并到美国。哈里森总统拟定了一个吞并条约交给了参议院，但是，克利夫兰总统上台，停止了这项条约。1897 年，麦金莱总统将第二份条约呈递给参议院，一个主权国家便在 1898 年的 8 月 12 日变成了美国的一部分。】

夏威夷共和国政府已经正式以此为基础进行准许授权，完全地割让并且不受美国的保护。在夏威夷群岛内外的主权国家的全部权利和他们的自主权也割让给美国。全部的费用和全部公共所有权、政府和公共土地、公共建筑和大建筑物、港口、海湾、军事设备和所有其他各种公共财产都属于夏威夷群岛的政府。

美国的参议院和众议院在国会上下定决心，表明割让是可以接受的、可获批准的并且坚定的。对于夏威夷群岛和它的自主权，以及以何种附加方式作为美国领土的一部分，并且是至高无上的主权，由此所提到的个人财产和权利也是值得肯定的。

美国现存有关公共土地的法律不适用于在夏威夷群岛，但是美国国会为他们的管理人员和军事部署制定特殊的法律。在税收和收入中，其中的一部分是以美国公民、军事、海军为目的被占用的，或被指定的地方政府所使用。规定所言，此部分被占用的资金将用于夏威夷群岛居民的教育和其他公共的利益。国会规定群岛政府管辖内的所有公民法庭和军事力量由岛内存在的政府进行管理，这样的方式被运用到合众国的总统指挥时，总统应该有权力去调动军官和增补相关职位上的空缺。

夏威夷群岛现存条约应该立刻停止或废弃，如果有相关的条约能将现存的条约替代，那么这将可能作为将来合众国和不同的外来民族共存的依据。夏威夷群岛市政的法律，不是为了灭绝性的条约而制定的，也不是为了前后矛盾问题的解决而制定的，同时也不是为了美国宪法而制定的，更不是为了使美国当前的条约保持有效，直到美国国会决定是否保留而制定的。

夏威夷共和国的公共债务，包括邮政储蓄银行应给予存款人的金额，是美国政府以此方式承担的，目前合法地通过了共同决议。但美国注意到，在债务这方面不超过四百万美元。然而，夏威夷岛当前政府和现代商业关系同以前一样才能继续，所以说，政府可能继续在上述债务上保持关注。除非现如今的的法律条款进行修订，或是将来美国法律允许的情况之下，否则不会再有中国人移民夏威夷岛。此外，不得以任何条款作为理由，允许中国人从夏威夷群岛进入美国。

总统会任命五个委员，至少其中两个是夏威夷岛的居民，一旦这种任命合理可行，他们就会认为协商开会是符合夏威夷岛的法律。

之前被总统任命的委员，需通过参议院表态和准许的。

十万美金的金额，或需要更多的，以此方式从国库中挪用，美国总统需慎重花费，目的就是使共同决议最终生效。

核准，1898 年 7 月 7 日

33. 承认古巴独立
（1898）

【以下决议不但承认了古巴国的独立，而且还授权对西班牙发动战争，目的是把独立的意愿强加给西班牙。1898 年 4 月 11 日，美国总统麦金莱昭告国会允许干涉古巴，此项决议的通过正是对此的回应。】

有关联合决议对古巴人民独立的承认，要求西班牙政府放弃在古巴岛的权力和政府，并从古巴和古巴海域撤回它的武装力量并让美国总统用武力强制执行条约。然而此类情况已经在古巴岛存在 3 年多了，所以在靠近我们自己的边境，有令人震惊的美国人道德观，这是对基督文明的耻辱。最终，在美国战舰的威慑之下，266 名军官和船员在哈瓦那海港自由出入。从美国总统在 1898 年 10 月 11 日给国会的信件中可以看到：美国国会参议院通过了以下表决：

第一，古巴人民是，并且应该是，自由和独立的。

第二，这是美国应该的责任，美国政府特此要求：西班牙政府马上放弃它在古巴岛的权力和政府，并从古巴和古巴海域撤回武装力量。

第三，特此声明的是，美国总统应该指导并被允许动用美国全部的陆军和海军力量，同时可以调用美国的现役的、几个州的自卫队，在这点上，这可能对此方案的执行是有必要的。

第四，美国否认部署或意图动摇任何主权国家和使用司法权控制上述的岛，美国本打算寻求维护这些岛屿的和平，当这些任务完成之后，美国必将岛的政府和控制权归还给它的人民。

核准，1898 年 4 月 20 日

34. 美西条约（割让波多黎各与菲律宾）
（1898）

【1898 年 7 月 26 日，圣地亚哥投降 9 天后，西班牙政府通过法国大使在华盛顿开始了和平谈判。这场战争在 8 月 12 日停止。10 月 1 日，西班牙行政长官和美国州长在巴黎会晤，相关条约就此提出。】

1898 年 12 月 10 日，在巴黎美国与西班牙签订了和平协议；1899 年 2 月 6 日，和平协议得到参议院的通过，同一天，该协议也得到美国总统签署通过；1899 年 3 月 19 日，西班牙摄政女王批准通过，1899 年 4 月 11 日，这份协议在华盛顿进行相互交换且于 1899 年 4 月 11 日公诸于世。

美利坚合众国与在其儿子唐阿方索十二世名义下摄政的西班牙女王陛下，都渴望结束现存于两国家之间的战争。

如果不出意外的话，这个公约将会在议会的通过下由美国总统正式批准，另一方面俄国皇帝也会批准。在 3 个月的时间内，公约正式批准后将会在华盛顿进行交换，如果可能的话还会更快。

条款 1

西班牙放弃了索赔的主权，并让给了古巴。那些随着西班牙撤军将由美国接管的岛屿也一样，只要占领关系还在继续，根据事实和国际法，美国就应当履行保护人民财产安全的义务。

条款 2

西班牙将波多黎各岛和西班牙当下主权下的印度群岛中的一些其他岛屿，以及马里来纳群岛中的关岛让给了美国。

条款 3

西班牙将菲律宾群岛列岛让给了美国，如下是对岛屿所处位置划分的理解：沿着接近西经 20°由西向东穿越巴士海峡航道中心，从东经 118°到东经 127°到达北纬 4°45′与东经 119°35′之交，再从东经 7°40′、北纬 116°到北纬 10°、东经 118°之交，沿着东经 118°回到原点。

在正式签订协议后，美国将在 3 个月内支付总计达 2000 万美元作为交换条件支付给西班牙。

条款 4

美国，从本条约中的交换日期 10 年起，允许西班牙的船只及商品、美国的船只及商品使用菲律宾的港口。

条款 5

美国，在签署本条约之时起，将与西班牙重归于好，释放战争中在马尼拉被抓成为战俘的西班牙士兵，将被收缴的武器归还给他们。

在交换了本条约的批准书后，西班牙将会撤离菲律宾和关岛一众岛屿，同时要求安排他们撤离波多黎各和其他西印度群岛，条约自 1898 年 8 月 12 日起生效并执行。

撤离菲律宾岛和关岛的时间将完全由两国政府决定，保留原有国旗，不收缴战争时的船只、轻武器、各种口径的枪支，及他们的马车和随身物品、武器、弹药、家畜，及各种各样的布料和生活用品等一切属于这片土地，以及在菲律宾岛和关岛上的西班牙海军的东西，保留西班牙原有的属性、重型武器、专用炮、防御工事，以及海防应该保留原有的 6 个月时期。考虑到条约书交换的问题，如果两国达成令人满意的协议，与此同时，美国将会进口西班牙的相关物资。

条款 6

在签署本条约的时候，西班牙释放了所有的战争中的囚犯和政治犯。对位交换的条件，美国也相应地释放所有战争时捕获的战俘，同时将会保证释放所有的在古巴和菲律宾起义中的西班牙战俘。

美国政府将会尽其最大努力支持西班牙，西班牙政府也会尽它最大努力力挺美国。古巴、波多黎各和菲律宾，根据各国的情况，犯人释放与否，各自（地）参考本条约执行。

条款 7

在古巴起义开始之初，在涉及补偿战争赔款的条约交换之前，美国和西班牙相互放弃所有的赔偿申请，从民族到国民甚至再到政府，每个阶层都反对政府对所有战争费用的赔偿申请。

在本文中，美国将裁决、处理本国公民反对对西班牙放弃赔偿申请的要求。

条款 8

在符合本法案1、2、3的条约情况下，西班牙放弃了古巴并且同意割让波多黎各和西印度群岛的其他岛屿，连同关岛和菲律宾群岛，以及那些法律之下如同西班牙皇冠一样的公共领域——码头、军营、堡垒、建筑物、高速公路和其他不动产。同时宣布所割让的岛屿要视情况而定其所拥有的属性。省、市、公共机构、私人机构、教会、民间团体，或其他协会在上述地区宣布放弃所获得、所拥有的个人财产，还有就是拥有其他国籍的个人所具有的财产和权利。

在上述视情况而定的割让条款中，也包括上文中涉及的岛屿或其居民的权利及财产权，如西班牙政府拥有关于行政、司法的官方档案和记录。这些档案和记录应当予以精心地保存，同时在西班牙或在上述岛屿中，独立的个人也有权要求将相关合同的副本、遗嘱进行其他认证，此外还包括，其他的公证性协议或文件。

条款 9

西班牙人所针对的目标人群是，居住在这片土地上的伊比利亚人。到目前为止，西班牙仍处于谈判失败的状态或是割让他的国家。他们想借此期望停留于此或移走到任一个有财产权利的地区。同时，他们也应该在尊重中有权利去处置他们的工业、商业和信仰。那么这样的条规同样适用于其他外国人。如若他们停留在该土地上，他们也可以通过创造来维持人民对西班牙王国的忠诚。从正式批准该条约的一年内，他们发表宣言称，坚定地拥护该决定！在这个宣言中，（占有者）他们不得不放弃占有，并且不得不在他们居住的土地上采纳国际条约。当地居民的公民权利及政治身份在割让给美国后应由国会决定。

条款 10

该领土上的居民在西班牙放弃（领土）或割让主权后，在他们宗教活动是应该有所安全保障的。

条款 11

西班牙人在其割让土地及放弃司法权限的条约生效之后仍居住在此，这成了公民问题和罪犯案件的核心问题。对于所留下的人员来说，在法庭之上，他们有权利出现去接受属于这个国家所有公民该有的权利。

条款 12

按照割让的规定，西班牙在做出更换主权的承诺时，法庭所进行的议程将被依照以下的规则而决定：

1. 在所规定的日期之前，无论是私人个体之中提出的公民法案，或是在刑事案件中所作出的判决，以及关于那些在西班牙法律之下没有的检索权及复审权，均将被认为是不可更改的，并且在这类审判应被实施的领土区都将以预期的形式被能胜任的当局执行。

2. 由私人个体当天提及而未解决的公民议案将在庭上被起诉，同时这些可能悬而未决的案件或因此在法庭上被解决。

3. 对于西班牙最高法院因悬而未决的案件而遭到边境地区的人民反对之前，出于对条约关于领土权的遵守，最高法院将继续行使管辖权，直至最后的判决下达。但是，由于这样的判决已被宣布，故其将委托于能胜任的当局在事件出现的地区来进行执法。

条款 13

对于西班牙人在古巴岛、波多黎各及菲律宾和其他的占领区已获得的并且有担保的著作权、专利权来说，在兑换条约的承诺的时候，将继续被尊重。西班牙在边疆地区不允许对公共秩序造成破坏性的影响，而关于科学、文学及艺术类的工作，将以这个条约兑换承诺的日期为开始后的 10 年得到免税认可。

条款 14

依照目前条约的情况下，对于被割让或让渡的主权，西班牙将拥有在港口及边疆区安置领事人员的权力。

条款 15

每个国家的政府都会给予其他国家的商人为期 10 年的过港费（免除），包括进港口和逗留期间的税收、少量的税费，另外对于每吨货物运费的关税也享受同样的待遇。同样，这对本国商人也是一致的，而非按照海上贸易规则。

条款 16

在这个被美国强加的占领古巴期间需尊重古巴的条约上，所承担义务是被默认的，但是，当这样的占领结束的时候，建议任何政府在已设立的岛上也承担相同的义务。

条款 17

现在的条约必须由美国总统签认，由参议院提议并通过，此外还要于 6 个月内在华盛顿被交换，如果可能的话还会提早一点。出于信用，我们已经分别在这份条约上签字并且已经在旁边盖了印章。1898 年 12 月 10 日，该条约的复印件在巴黎印成。

威廉·R. 戴

库世曼·K. 戴维斯

沃姆·P. 福莱尔

吉奥·格雷

怀特罗·瑞德

35. 美国与巴拿马共和国的公约
（1904）

【在得到哥伦比亚认可的情况下，法国公司于 1879 年开始修建巴拿马运河。1903 年，当该企业被美国收购以后，关于安排美国控制运河带的条约被哥伦比亚国会驳回。运河附近人们经济的繁荣主要依靠运河的建设，于是从哥伦比亚中退出，建立起巴拿马共和国并同意以下公约。】

《依靠运河上的建设来连接大西洋和太平洋水域》这项公约于 1903 年 11 月 18 日在华盛顿正式签署。1904 年 2 月 23 日，参议院批准。1904 年 2 月 25 日，总统批准。1903 年 12 月 2 日，巴拿马批准。1904 年 2 月 26 日，正式在华盛顿批准，并公之于世。

美利坚合众国总统宣言

一份关于美利坚合众国和巴拿马共和国之间关于明确跨越巴拿

马地峡连接大西洋和太平洋海域的大运河上的建设公约，于 1903 年 11 月 18 日在华盛顿由双方的全权代表达成协议并签署。公约原件如下：

地峡运河公约

美利坚合众国和巴拿马共和国都十分明确，建设穿过巴拿马地峡连接大西洋和太平洋海域的大运河，美国国会于 1902 年 6 月 28 日通过批准该法案并促进工程实施。通过该法案，美国总统被认可可以要求在合适的时间里掌控必要的巴拿马共和国领土，实际上这样的领土主权归属于巴拿马共和国。巴拿马共和国政府，菲利浦·比诺·瓦里亚，非凡的使者和巴拿马共和国的全权代表大臣，特别是获得授权的政府发言人，在与各方的全权代表讨论后，寻找到多赢的、正式的形式，并已经取得一致意见，总结出以下条款：

条款 1

美国承诺将保证并维持巴拿马共和国的独立。

条款 2

巴拿马共和国将授予美国永久的占领权，同时被赋予使用一个区的权利，以及控制该地区水下施工、维护、操作和保护，并将十英里的河道在沿途两侧再拓宽五公里。在中心线路的每一侧都将修建运河。该区在三海里平均水位进行标记，同时在延伸到巴拿马地峡的加勒比海到距离太平洋三海里的水位处进行标记。巴拿马进一步向美国开放永久使用国的权利，通过占领其他区域控制下的水域，这样可以方便施工、维护、操作水下设施，以及为保护管道或者为其他辅助工程建设提供必要性和可操作性，另外，还可以维护水下管道设施和保护附近企业并提供一些方便。

巴拿马进一步向美国提供永久权，其中包括所有巴拿马湾的岛屿，如佩里科、内殿、库莱布拉和弗拉门戈。

条款 3

巴拿马共和国向美国提供了所有权，以及在本协定第 2 条所描述的，范围之内的所有附属的土地和水域的所有权。如果它的领土、主权、土地和水域属于拥有独立主权的巴拿马共和国，美国也将有这份特殊的权利。

条款 4

作为附属权，巴拿马共和国向美国提供了使用权，这其中包括河流、湖泊、溪流、水域通航的限制、水力及相关的用途，还包括对河流、溪流、湖泊、水体的使用，以及为修建、维修、使用、保护所提供必要性和方便性。

条款 5

巴拿马共和国赋予了美国永久使用权，这其中涵盖对任意一种交通方式的建设、维护、管理方面的垄断，而交通工具具体指的是贯通加勒比海和太平洋间的运河铁路系统。

条款 6

通过协商，条款中包括的赋予美国对于土地的使用，相关海域的使用，以及土地私有者或私有财产所有者的头衔或利益。在美国权力持续壮大的过程中，他们还进一步干涉与美国的权利相矛盾的公共道路或某些地区的土地、水的使用权利。任何由于在这次协商中控制拨款，或由于美国的操作、他的代理人或雇员对私有土地、私有财产的所有者造成的损害，或由于建造、保养、经营、卫生系统和对该运河或卫生工作的保护，都将会被美国政府和巴拿马共和国进行最终的核实，而赔偿金将被美国唯一具备支付功能的联合委员会进行估量和安排。因为美国的涉入和参与，该地区私有土地和私有财产遭受到了损失。而这些损失都应该由美国独自承担。在相关的公约产生之前，巴拿马的私有土地和私有财产都因为它们的价值而遭到了严重地破坏。

条款 7

所有关于环境卫生工作，收集和处置城市污水和水分布的巴拿马和科隆这类城市应当向美国收取费用。而作为美国的代理人或被指定者，他们应当被授权征收和收取足以提供支付利息和期限 50 年的分期偿还的自来水水费和污水处理费，并且 50 年后仍能使巴拿马和科隆分别恢复原有的性能。某种程度上，自来水水费也许会成为该污水处理和水系统管理和维修的重要来源。巴拿马共和国同意与巴拿马城和科隆城永久遵循卫生管理条例和气象灾害预防，或者美国规定的医疗条款。假设巴拿马政府不能或失败地履行巴拿马共和国的卫生管理规定所授予美国的权利和义务，来执行相同的、美国所制定的法案，维护着巴拿马城和科隆城的秩序，那么巴拿马的港口不归他们自己管理，只能由美国来管理。

条款 8

巴拿马共和国同意从此将新巴拿马运河公司的所有权交给美国，并且由于主权是从哥伦比亚共和国转让给了巴拿马共和国的，巴拿马铁路公司批准了新巴拿马运河公司将出售并转让给美国相关的权力、所有权，以及巴拿马铁道和该公司的所有股份。但是公共的土地却位于之前所规定的地区之外，而现在这个条约包括了对该企业的特许，也不要求它归还运河的解释权和经营权给巴拿马共和国，这已经包括巴拿马城或科隆城或港口，以及关于它终端的公司的所有权和财产权。

条款 9

美国已经确定在运河水域入口的港口，而巴拿马共和国也已经同意巴拿马城以及科隆城在航运方面永久免费，这样，巴拿马就不会被利用或者是被收房屋税、运费、停泊费、灯塔费、停靠码头费、导向器使用费以及检疫费，或者其他费用，以及任何一种通过船只使用或通过运河或者由于归属于美国而产生的费用，总之，都不会再有直接或者间接的费用。

巴拿马有权建立这样的一个码头，同时在巴拿马城和科隆城内，像一些房屋或者是守卫可能都会因为进口和相关的贸易问题而受影响。而对于美国来说，它也有权利很好地利用巴拿马城和科隆城以及两者的港口，例如征收停泊费，维修费，起锚、抛锚费用，存储费或者运河上的服务费等费用。

条款 10

巴拿马共和国同意不会在运河上强加任何税费，不管是国内的船只还是国际的船只，无论是什么阶层，同样此规定也适用于铁路运输系统以及其他的辅助交通设施，例如像用于在运河上服务的拖船及其他受雇佣的船只。在科隆城和巴拿马城，对于个人、雇员、体力劳动者，以及其他的在运河上、铁路上及一些辅助交通设施上的服务人员，也不强加任何税费。

条款 11

美国同意，出于运河的利益及公共、个人的利益考虑，巴拿马政府官方应该铺设电报和电话线，这项需要在巴拿马还没有在美国那么迫切的需要。

条款 12

巴拿马政府将要允许在运河上移民合法以及出入自由。对于那些在运河上以及其他辅助交通工具上提供的人员来说，他们将不会在巴拿马服兵役。

条款 13

在任何时间，美国通过进口进入该地区和辅助的地区，都会免海关税、关税、税收或其他费用，并没有任何限制。这样一来，对于所有船只、汽车、机械、工具、材料、供应、炸药来说，在施工、维修、操作等方面提供方便。运河和辅助工作的卫生保护及相关规定、药物、服装、用品和其他的东西都可以为正在此地提供服务的美国人以及他们的家庭所使用。

条款 14

作为对巴拿马共和国向美国所提供权利、利益及优先权的补偿，美国政府同意向巴拿马共和国支付一千万美元的金币来作为本公约获得批准的交换条件。另外，每年度都要支付 25 万美元的金币，从即日起一直持续 9 年。本条规定旨在保证巴拿马共和国其他的获利。但是，此条条款无疑会影响或者牵涉到所有条款的全面实施。

条款 15

联合委员会称在第 6 条条款下应建立：美国总统将提名两人，巴拿马共和国总统也将提名两人，他们将共同负责做出相关决定；但在委员会产生意见分歧的情况下，他们能够找出相关原因，评判出两国政府决定谁应当对死亡、缺席、无能负责。他的位置应该由前一任被指定的人所判定。而所有的决定也都应该由联合委员会最终做出决定。

条款 16

两国政府要通过共同努力，实现区域和平。

条款 17

巴拿马共和国授予美国使用的所有开放贸易的地方都可以为任何在运河受雇于企业的船只提供避难。和所有船只通过或绑定通过运河可能遇险一样，他们可以在港口寻求庇护。这样的船舶免征停泊税和吨位税。

条款 18

运河建造完成后，入口处应保持永久中立，这符合第三条款，同时也符合 1901 年 11 月 18 日美英两国政府所签订的合约。

条款 19

巴拿马共和国政府有权在运河运输战争所需的军队和武器，并可以不用支付任何费用。豁免权也将扩展到辅助的铁路运输服务系统的相关人员，或负责维护公共秩序的警察部队。

条款 20

如果任何现有的条约与巴拿马地峡的领土导致了当下相关义务的降低，或者是巴拿马共和国认为，可能有任何特权以及让步有利于政府或公民、臣民，或者是在任何方面可能都不符合本公约的条款，巴拿马共和国同意用适当的形式取消或修改这些条约，从通知之日起 4 个月内开始实施本公约，如果现有的条约不包含允许修改或废除的字样，巴拿马共和国同意采取修改或废除这样的形式，不得存在任何与本公约的规定发生冲突的事件。

条款 21

前面文章提到的巴拿马共和国承认给美国的权利，被理解成先前所有的债务、抵押权、信任、责任，或者给其他政府、财团或个人的优惠和权利是自由的。因此，如果出现目前的优惠和特权的事，申请人应该到巴拿马共和国政府，而不是去美国索要任何赔偿或可能需要的补偿。

条款 22

巴拿马共和国放弃并对美国承认，参与到条约中来，将会根据运河公约中的第 15 条有资格在有着特殊关系的美国慧智公司获得收入。现在的新巴拿马运河公司拥有慧智公司。任何自然损害都会产生与利益相关的权利或声明，或者任何延期或修改方法。与此同时证实并对美国承认，现在或将来，所有的在优惠中被保留的权利和财产，将会属于巴拿马或者被承认的特殊权期限届满 99 年，或者被上述提到的组织和公司持有的，所有的权力、头衔和现在或者将来会有的兴趣，关于土地、工厂、财产和所说的公司的权利，都会获得或被美国从新巴拿马运河公司里所获得。包括任何财产在内，或许可能在将来的一段时间内被没收，或者恢复到巴拿马共和国旗下、全球巴拿马运河公司、巴拿马铁路公司和新巴拿马运河公司。

条款 23

如果对河道、船只、铁路系统或辅助交通设备的安保采取武装，这在任何时候都会变得必要，美国拥有自行决定权并可以在任何时候行使，这其中包括可以动用军队及海陆力量或为此设立防御工事。

条款 24

在现有公约下，未经美国同意侵犯美国或在两国间公约上存在可能触碰的风险，除了巴拿马共和国的政府和法律条约外没有选择。即使巴拿马此前并入其他任何政府，进入任何联合体或联盟以便加入拥有主权或独立的政府、联合体或联盟，美国在此公约下的权力也不应受到任何削弱或损害。

条款 25

为了在此公约的签署中表现得更为出色，对河道高效的保护以及保持它的中立态度，巴拿马政府将必要的固定地点出售或租借给美国，为的是帮助美国在太平洋海域及加勒比西海岸的驻军以及发挥燃料站的功能。这一点，也得到了美国总统的认可。

条款 26

当缔约各方大使签字并经各自的政府批准后，此公约将尽早在华盛顿交换。大使们所签过的一式两份的公约上都有着他们的印章。

华盛顿这座城市的任务完成了，我主那年 1903 年 11 月 18 日。

约翰·惠特尼

比诺·瓦里亚

在 1904 年 2 月 26 日，两国政府在华盛顿市交换了合约。众所周知，（美国总统）西奥多·罗斯福，举行公开会议，使得全体民众都能遵守并履行条款。

我用我的手在独立的美国华盛顿市加盖印章，特此证明。

这一天是美国独立后的 128 年，也就是 1904 年 2 月 26 日。

总统：西奥多·罗斯福

国务卿：约翰·海曾